篮球
基础与战术

［日］近藤义行 主编   赵令君 译

（全彩图解版）

人民邮电出版社
北京

初中、高中生应追求的基础与战术

想要打好篮球，重视"基础"是不可或缺的。即使一开始打下了篮球基础，在后来掌握难度大的篮球方法时，"基础"非常容易被忘却。因此，反复练习、将基础作为一种习惯、用身体去记住是非常重要的。

当大家看到运用着高难度篮球技术的选手的比赛时，可能会感叹道"好厉害"！但是，也可以说真正打篮球打得好的选手不会去做高难度的技术动作。也就是说：

好的选手能够正确并快速地运用篮球基础技术。

这是我认为的尖端选手。正因如此，我才强烈觉得，初中和高中的篮球选手应该非常重视"基础"。

开始从事篮球这项运动，首先要掌握基础，接着就是如何将基础在比赛中运用的又一重要的关键词"战术"。换句话说：

如何将在练习中掌握的基础，提高到在"有对手的，对人作战的状况"下可以使用的战术。

在本书中，不仅仅介绍了"1对1"的个人战，我还介绍了在"2对2"的状况下如何构建配合打法，以及与团队合作息息相关的"3对3"的相关知识。

上述的这些不仅在通常的"5对5"比赛形式中适用，我也希望能够将其充分运用到当今世界非常流行的"3对3"（three by three）的比赛形式中。

通过对比赛实况集中精力地细致观察，从中反推出应该组合的练习方法。这样，就可以磨练篮球的基础技术了。

我希望这本书能够成为更多人开始关注"基础与战术"的契机。

Contents

第 3 章　有效利用运球　　046…047

Contents

第4章　具备投球变化

第5章 2对2的攻略 102…103

Contents

第 8 章　利用地板进行训练　　　　192…193

第1章

1对1的基础

所谓1对1，是指面对1位进攻选手，利用单人防守与之对峙。1对1并不是在接到传球之后开始的对战，而是在接球之前就已经开始了。也就是说，在拿到球之前，就摆脱对方防守的紧盯，在进攻的同时，在有利的情况下接收传球。这一点是不可或缺的。那么，我们就先来就1对1的基础——接球方法进行说明。

在接球前就要有1对1的意识

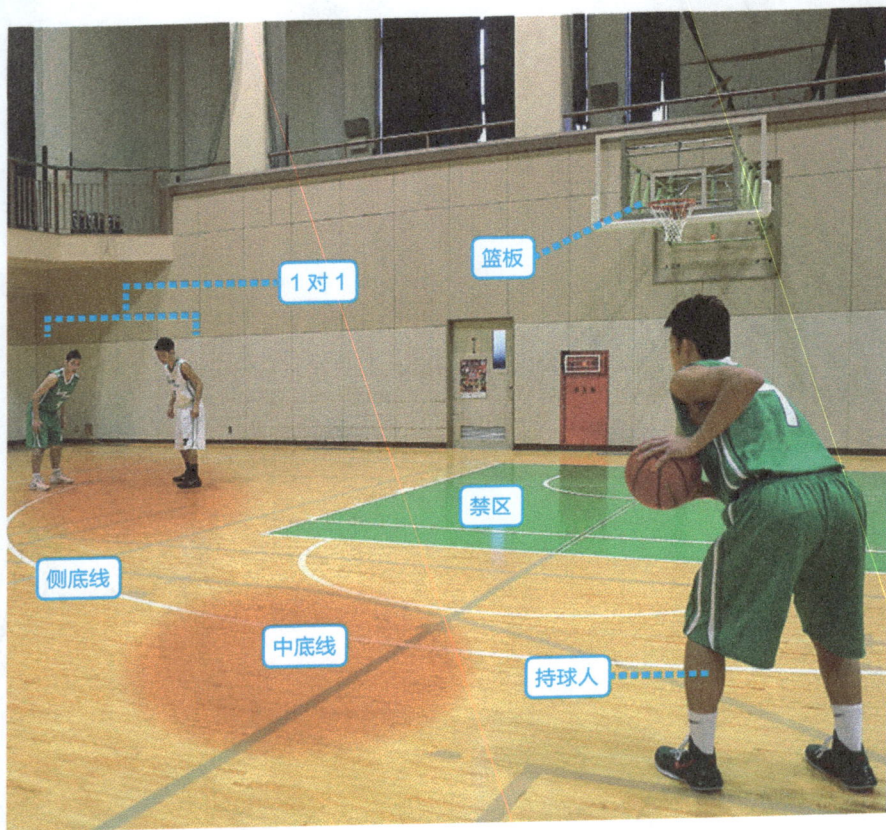

1对1　篮板　禁区　侧底线　中底线　持球人

中底线区有球，无球的侧底线区域中出现的1对1的情况

接球时的 3 种移动方法

　　给人感觉篮球技艺高超的选手，在保持住面向篮板的姿势的同时，能够在脑内想象出自己能够投球得分的打法。这种高超不仅仅是体现在拿到球之后，更要在接到球之前就想好，如何移动才能够既摆脱对方防守的紧盯，又完成投球。这才是"1对1"的基础。

　　在接到传球之前的移动方式，总结来说可以大致概括为三种。一种是向持球人（持球的选手）移动。一种是面向篮板移动。还有一种是远离持球人，向着与持球人相反的方向移动。也就是说，在1对1中想取得优势，不仅仅只有接近持球人这一种方法。

模式❶　防止防守者截断传球而面向持球人接球

→ 下一页

模式❷　当防守者进入传球路线时，面向篮板接球

→ 接160页

模式❸　当无法面向持球人或篮板时，远离持球人，向与持球人所在位置相反方向移动接球

→ 接150页

易于投球的接球方式

面向持球人，示意目标手（接收传球的手）　　切实接好球

易于使身体正面朝向篮板的基本步法

　　边面向持球人边接球的方法中，有三种基本打法。其中，希望大家最先记住的是，两腿交叉后接收传球的"交叉步"。

　　让靠近篮板一侧的脚先着地，更容易使双脚的脚尖朝向篮板，这样也就更容易做出投球。

　　但是，这种易于使身体正面朝向篮板的步法不是随时随地可以运用的。因为对方的防守会盯得非常紧。这时希望大家能够注意的是，"与对手的最佳距离"。在尚未持球时，就要确认给交叉步留有足够的空间。

使用交叉步，让靠近篮板一侧的脚（上图为左脚）率先着地

摆出可以任意选择投篮、传球、运球的运球准备姿势

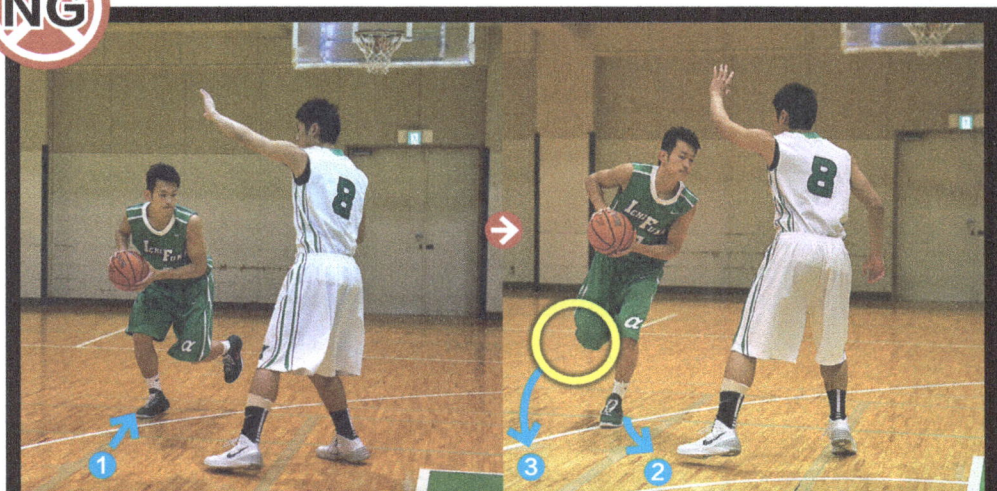

此处应注意，若接球之后走三步以上，就会因走步犯规而判为对方的球。在上图中，3的右脚着地就会构成走步犯规。

尽快触球

被防守队员紧盯时　　　　　　在空中稳稳地接到球

利用狭窄的间距，向反侧运球

　　当与对方防守队员之间的空隙太窄，无法使用交叉步（前一页）时，可以使用开步，也就是使用距离篮板较远的一侧的脚先着地。

　　与交叉步相比，这种方法能够更快地接触到球，但是很难将脚尖朝向篮板，无法简单地接到球后立刻投球。

　　虽然并不是说不可能做出投球，但是若要投出稳定的球，交叉步更加有利。

　　当使用开步接到球时，向反方向运球的打法是非常有效果的。因为这很好地利用了与对方防守队员之间狭窄的间隙。

使远离篮板的一侧脚（图中为右脚）先着地

做出可以任意选择投球、传球、运球的运球准备姿势

P oint

利用开步接传球时，与做出传球的选手相反方向运球的打法更加有效。

NG

图中的开步中，左脚先着地，构成了走步犯规。

避开主动接触过来的对手

面向持球人，示意目标手（接收传球的手）　　　　跳跃到空中时，接球并抓牢

在与对方防守队员接触的同时，接球的情况下

　　不仅仅有使双脚先后着地的步法，还有一种接球方式，是使双脚同时着地。这叫作"跳停步"。特别是当与对方防守人员有肢体接触，同时又要接球的情况下，希望这种步法非常有效。

　　接到传球时，不要让防守队员接近篮球，也就是说形成"封锁"状态。然后通过向相反一侧跨步上篮，可以避开对方的防守。

　　必须要根据与对方防守队员之间的间距，来仔细思考接球方式。在还未持球时，就要有这种1对1的意识。

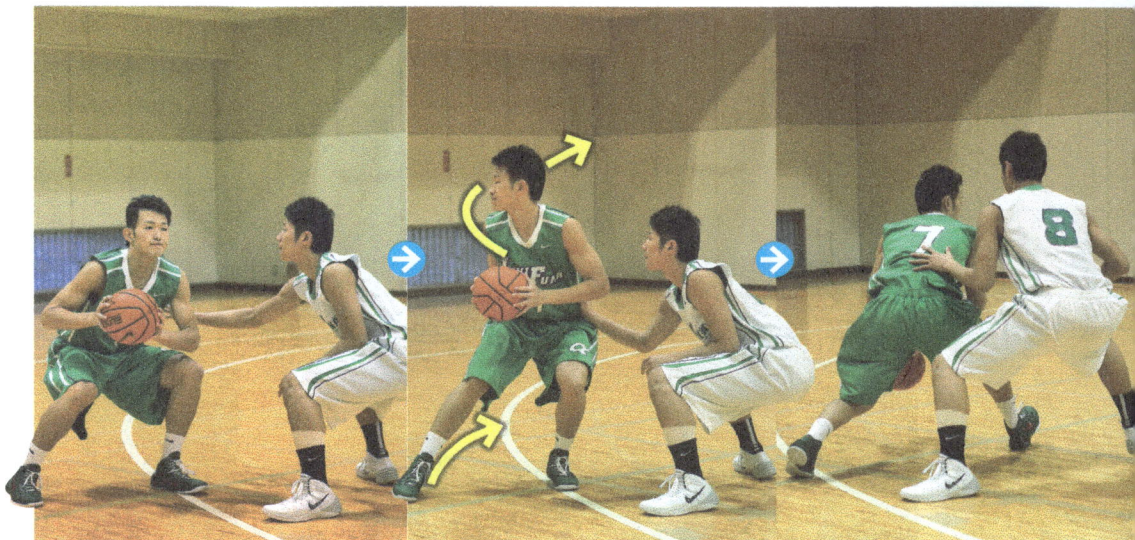

不要让防守队员接触到球　　　　转向与传球而来的相反方向　　　　向着篮板运球

Point

转换身体方向之后，防守队员立即进入运球路线时，不要让球着地，迅速向没有防守的一侧运球出击。

使接球的动作成为一种身体习惯

通过持球前的动作和移动，有意识地观察与对方防守队员之间的间隙，然后接收传球。将这一连串的动作作为一种身体习惯来记住。为了达到这种效果，接下来要介绍的这种方法就叫作"V型训练"。通过反复练习本章中介绍的接球方法，达到在实战中灵活运用的效果。

在左右翼（从篮板来看左右45度角的区域）分别列队，按照顺序接球，并运用接下来要介绍的停顿和运球技术。

模式❶

交叉步——交叉运球

面向持球人，示意目标手（接收传球的手）

使靠近篮板的一侧脚（图上为左脚）先着地

注意身体平衡，保持重心较低的姿势

摆出可以任意选择投球、传球或运球的姿势

交叉运球

模式❷

开步——交叉运球

面向持球人，示意目标手（接收传球的手）

使远离篮板的一侧脚（图上为右脚）先着地

摆出可以任意选择投球、传球或运球的姿势

将重心转移到身体轴心的一侧腿（图中为左腿）

交叉运球

模式❸

跳停步——反向转身

面向持球人，示意目标手（接收传球的手）

将身体转向与传球人相反的方向

跳起后在空中接球并抓牢

稳住轴心脚开始运球

使用两脚同时着地的跳停步

模式❹

背停——前转

面向持球人，示意目标手（接收传球的手）

向着与持球人相反的方向将身体前转

使远离篮板的一侧脚（图上为右脚）先着地

稳住轴心脚开始运球

将背部朝向对方防守队员

Point

在1对1中分出高下，关键在于是否能够占到与篮板最短距离的"线内"的位置。作为内线就是一条持球人与篮板相连的想象中的线。在第一章中，接球前的动作是主要内容，但也可以说"围绕线内的攻防"已经开始了。对于目的为封锁内线的防守，我们应该采取的对策在下一章介绍。

第 2 章

接球后的 1 对 1

接球后的打法有三种。将球投入 10 英尺（约 3 米 5 厘米）高的篮板的投球；将球传给队友的传球；一边拍球一边移动地运球。其中，作为首要目标的打法是投球。换句话说，拿到球之后首先要确认篮板的位置。之后，要切实掌握提高投球命中率的技术。

积极得以投球为目的

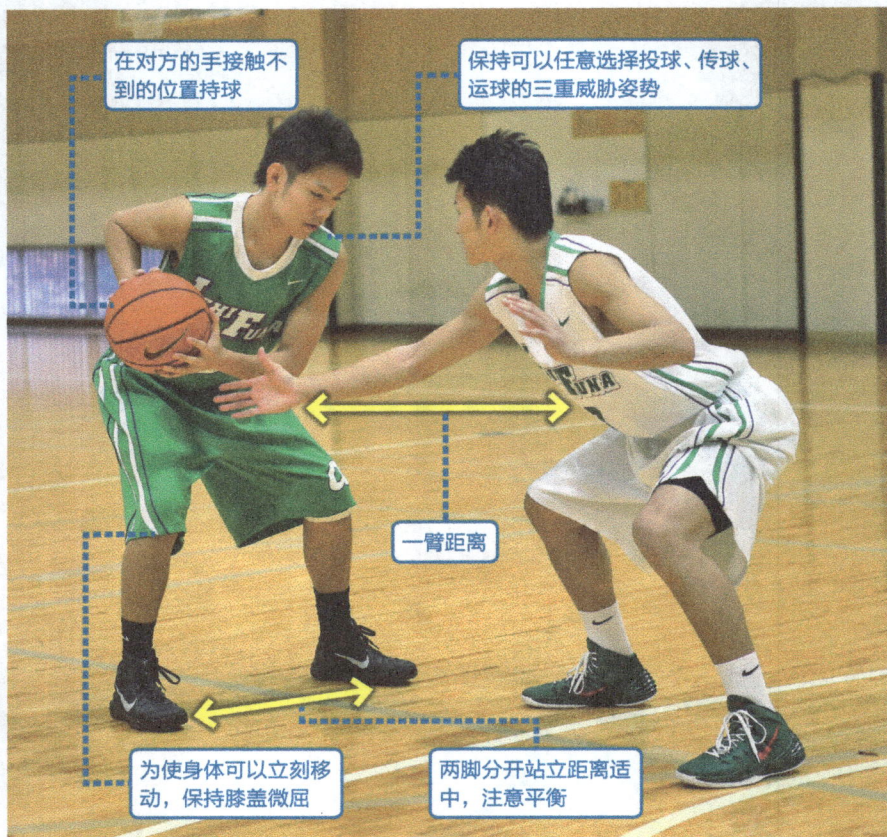

在对方的手接触不到的位置持球

保持可以任意选择投球、传球、运球的三重威胁姿势

一臂距离

为使身体可以立刻移动，保持膝盖微屈

两脚分开站立距离适中，注意平衡

创造出较宽的空间，同时寻找投球机会

在"1 对 1"中，关键词是与对手之间的"距离"。也就是说，根据与对方防守队员之间保持的距离，在尚未持球开始，围绕"距离"的进退、应变就已经开始了。这一点在上一章也有所涉及。

防守的基本是与对方保持一臂距离。

这叫作"一臂（one arm）"（172页）。进攻方一旦持球，就会试图创造出相较一臂距离更加宽敞的空间，通过这种 1 对 1 的状态，更容易制造出投球的机会。

让我们来详细看一下持球后的相持，之后的投球方法，以及接下来的提高投球命中率的方法。

进攻方的目标

若能充分保持与防守方的距离，就可以做出投球。若对方试图缩短距离，则通过运球摆脱，根据比赛情况也可以向队友传球。

防守方的目标

维持一臂的距离，耗费进攻一方的时间。根据比赛情况调整两人间的距离，有时需要对对方进一步施压，创造夺球的机会。

P oint

当右脚是轴心（站立时后侧的脚/在下一页进行说明）时，通过将左脚迈入防守的身体内侧，可以扩展两人间的距离。

NG

若防守方试图缩短距离时，身体重心向后移了，就很难再采取攻击姿势了，需要注意。

将球左右移动

将左脚作为轴心所在脚，将球持于右肩上方

使对方无法夺球，可以从相反一侧开展进攻

　　若始终持球保持在同一位置，有可能会被对方防守队员触球，甚至有时会被夺球。这时，应该左右移动球以使对方无法夺球，也使自己可以从相反方向开展进攻，拓宽了可选择的范围。这种球的移动方式叫作"摆动"。

　　在摆动中有两种方法。一种是保持两脚不动的方法。另一种是，如图所示的摆动之后，通过脚步动作，进而用身体防守球的方法。

　　这里必须注意的一点是，轴心所在的脚（图示为左脚）不能移动。移动球之后，通过踏出可以自由移动的脚"free foot（图示为右脚）"，使自己可以做到用身体来防守球。

将球迅速移动到相反方向

在移动球的同时，通过自由脚——右脚的移动来实现身体对球的防守

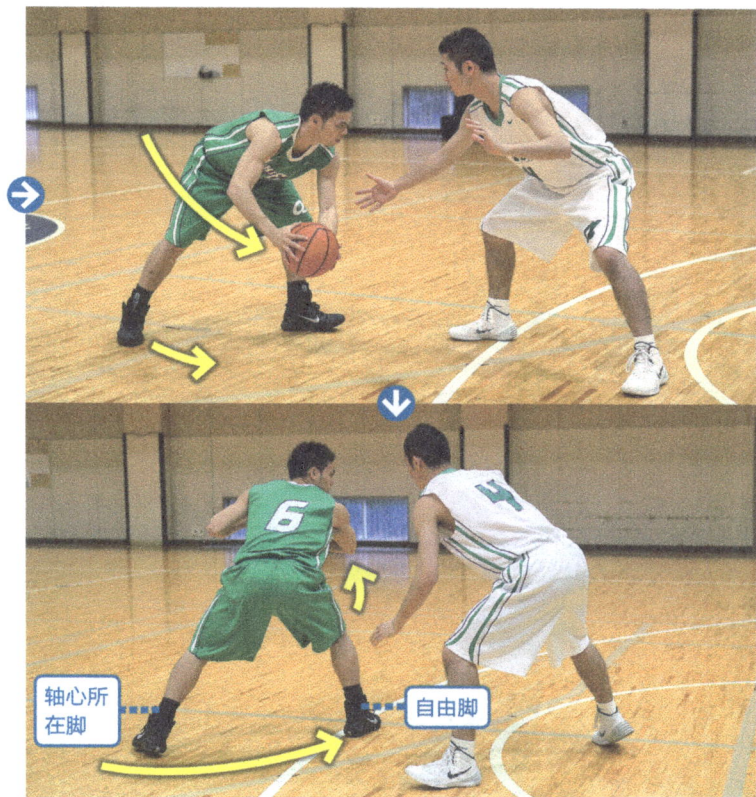

轴心所在脚

自由脚

Point

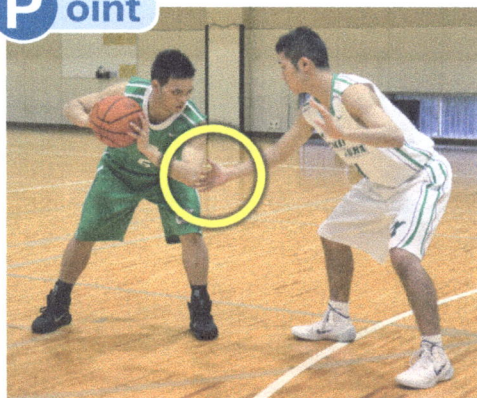

通过肘部外张，使对方防守队员无法接近球

NG

要注意如果不外扩肘部，且摆动速度慢，则容易被防守方触球或夺球。

从对手处无法取得球

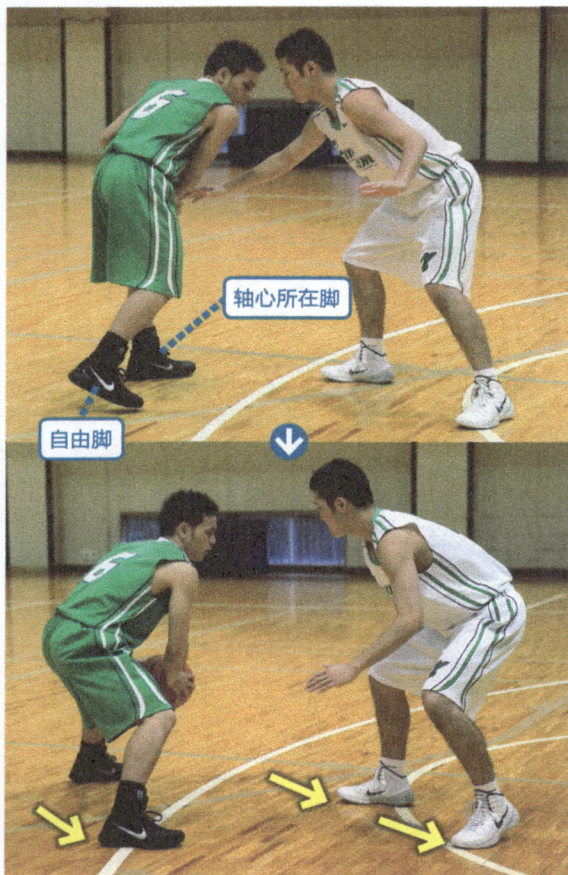

将左脚作为轴心，通过将自由脚的右脚向右踏出，防守队员会出于对球的戒备而后退，这就扩展两人之间的距离。

轴心所在脚

自由脚

能够扩大进攻的步法的重要性

（上一页中有所涉及）围绕两脚的动作做一些说明。保持轴心所在脚（图示为左脚）不动，移动可以自由移动的"自由脚（图示为右脚）"的步法，对于扩大进攻的范围是非常重要的。

通过自由脚的前伸，防守方就会出于对运球的戒备而后退。通过这一动作来扩大与对手之间的距离。也就是说，有了投球的机会。

接下来通过自由脚的后撤，用身体防守球的同时，可以将身体转向相反方向。然后撤回自由脚后，可以对向反方向转身或者其他接下来的动作进行判断。

交叉步

通过将右脚向反方向迈出，得以使球处于身体的保护之下，同时又可以做出进攻动作。

逆转步

注意不要移动轴心脚（左脚），通过将自由脚（右脚）收回，可以做到向反方向旋转。

P oint

右撇子的选手大多将轴心放在左脚上，左撇子的选手大多将轴心放在右脚上。但是重要的是要使两只脚都可以成为轴心。要努力练习，摆脱惯用手的束缚，使两只脚都可以灵活地成为轴心脚。

确保间距后要积极瞄准投球

当自由脚后撤，防守向前缩短间距时

转换成可以自由切换投球、传球、运球的姿势

不要只想着传球和运球

在通过移动使防守队员无法夺球的同时，要活用步法，掌握好时机，通过运球摆脱对方防守，然后投球。这就是1对1的代表性的形式。从下一章开始我们会更多地介绍得分模式。但是有一点希望大家不要忘记，那就是在确保了间距之后要积极瞄准投球。

如果完全不想投球只顾传球或运球的话，就会被对方防守队员拦下。反过来说，决定要跳起投篮之后，利用对方防守队员对间距的压缩，可以更容易地通过运球摆脱防守。之后，要努力练习通过步法的运用，使自己得以集中精力径直向上跳起、投篮。

通过自由脚向前迈出的刺步，使防守队员后撤。

一旦确保与防守之间的间距后，迅速后撤自由脚，摆出投球姿势。

注意保持身体平衡，径直向上跳起，单手投篮。

P oint

投篮的方式有两种。一种是在本页中介绍的单手击球的"单手投球（one hand shoot）"，另一种是下一页要介绍的两手击球的"双手投球（two hands shoot）"。

迅速两脚并齐投篮

做出可以自由切换投球、传球、运球的姿势。

通过自由脚的移动与防守队员周旋。

单手投球和双手投球

在通过刺步创造间距后投篮的打法中也可以利用双手投球。这种投球方法多见于不足以将球投到篮筐的女子篮球中。虽然有很多双手投球技术顶尖的选手，但是相对来看，单手投球在 1 对 1 中更加有利。

当后撤自由脚进入投球准备姿势时，两脚如果尚未并齐，双手投球就会不稳定。另一方面，若是单手投球（上一页讲到的），即使两脚在前后位置上有所分差，也可以在起跳后通过上半身来矫正。

因此，双手投球的选手需要做到能够迅速得并齐两脚。

通过向前迈出自由脚，取得与防守之间的间距。

一旦确保与防守之间的间距后，迅速后撤自由脚，摆出投球姿势。

注意保持身体平衡，径直向上跳起，双手投篮。

Point

不论是单手投篮还是双手投篮，共通的一点是径直向上跳起。落地之后要确保仍然准确落回起跳的位置。

坐在椅子上投球

投球分为五个阶段。其中，第一个阶段是坐在椅子上投球。这种姿势保持下半身不动，可以确保上半身的正确使用。注意肩膀不要向后仰，以肩膀为支点，注意将球放在弧形定点的位置，试着投球。

以肩膀为支点，不要后仰

团队练习时

当进行团队练习时，一个篮板可以安排3个人同时进行练习。在距离篮板1到2米的地方摆放椅子，当注意到队员的动作有问题时相互提醒。

单手投球

注意手腕和肘部的角度，摆好姿势。

肩膀不要后仰，将球举高。

径直向上伸直手腕，注意高弧形，保持随球动作。

双手投球

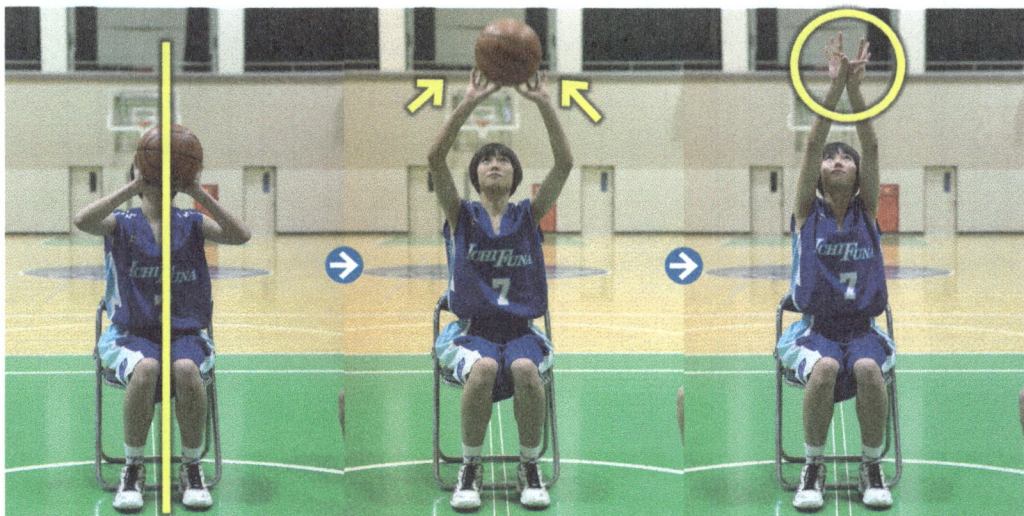

将球的位置放在身体的中心线上。

保持左右两边施加给球的力均等，将球举高。

肩膀不要后仰，将球举高，径直向上伸直手腕，注意高弧形，随球动作的两手应该是手背相贴。

第二个阶段是坐在椅子上后，再从椅子上站起来投球的练习。注意力量的传递，从下半身到上半身再到球。如果在第一个阶段"坐在椅子上"投球可以投中，而在第二阶段却无法命中的话，说明下半身的使用上有问题。

力量从下半身传到上半身

上下半身的力量传到球上

团队练习时

与第一阶段相同，一个篮板可以3个人同时练习。将椅子摆在距离篮板1到2米的距离。

单手投球

坐在椅子上，右手持球，左手从侧面辅助持球。

注意下半身的使用方法，站起来。

将下半身的力量传达到球上，投球。

摆好随球动作，确认投球结果。

双手投球

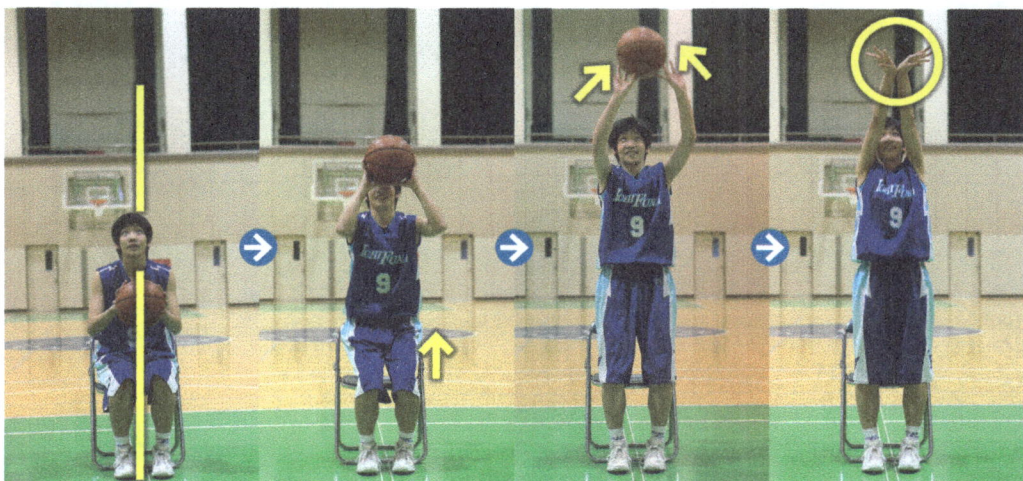

将球置于身体正面。

注意下半身的使用方法，站起来。

注意将下半身的力量左右均等地传达到球上。

摆好投球动作，确认投球结果。

传球后的接球和投球

第三阶段是与搭档合作，一次传球后，对方接球并投球的练习。为提高投球的命中率，关键是能够使球逆向回转的"下旋"。然后，通过传出下旋球，可以意识到"投球时的下旋"。

团队练习时

在团队练习时，可以分底角、翼侧、弧顶区域三个部分同时进行。但由于不同位置投球感觉不同，所以应多从各个角度体验投球。

单手投球

做好单手投球准备姿势。

向搭档进行一次单手下压传球（130页），注意下旋。

再从搭档处接收传球，摆出投球姿势。

做出单手下旋投球。

双手投球

做好双手投球准备姿势。

向搭档进行一次胸前传球（128页），注意下旋。

再从搭档处接收传球，摆出投球姿势。

注意下旋，双手投球。

侧向移动接球和投球

第四阶段是侧向迈步，接收传球后投篮的练习。首先在自己想要接球的位置向搭档伸手示意。这叫作"目标手"。接下来利用双脚交互动作的直步来投篮。由于这一动作向左右两个方向，所以不论左右哪只脚是轴心都可以投篮。

示意目标手，要求传球

团队练习时

与第三阶段相同，团队练习时，分为底角、翼侧、弧顶区域三个部分同时进行。但由于不同位置投球感觉不同，所以应多从各个角度体验投球。

单手投球

在想要接球的位置向搭档示意目标手。

直步接球。

注意不要失去平衡，稳稳地挺住。

在场地内各个地方练习投球。

双手投球

三分球

第五阶段是融合目前为止几个阶段的练习，延长投篮的距离，使自己能够打出三分球。这时，从第一阶段中以肩膀为支点做好投高弧形球的准备，到第二阶段的从下半身传递力量，以及第三阶段的下旋，接下来第四阶段的向队友示意目标手，然后进行侧向移动开始进行投球。由于在远距离的情况下，想将球投入篮筐，投球姿势容易不稳，所以需要特别注意。

弧顶区域

翼侧

底角

三分球线

团队练习时

与第四阶段相同，分为底角、翼侧、弧顶区域三个部分同时进行。但由于不同位置投球感觉不同，所以应多从各个角度体验投球。

单手投球

膝盖和肘部适度弯曲，将球举高。

力量由下半身传递到球，径直向上跳起。

保持随球动作，落回起跳点。

双手投球

将球置于身体中心，膝盖适度弯曲保持不动。

力量由下半身正确地传递到球，注意左右力量传递均等。

保持两手背相贴的随球动作。

第3章

有效利用运球

如果在1对1的情况下能够成功投球，对方的防守自然也会加强盯人。也就是说会缩小间距，做出无法让对方投球的防守。这时希望大家能够有效利用的就是运球。通过掌握让对方无法夺球，保护球的运球、摆脱对方防守的运球，还有与得分紧密相连的运球，来使1对1的能力有飞跃式的提高。

即使在强压下也不会被对方夺球

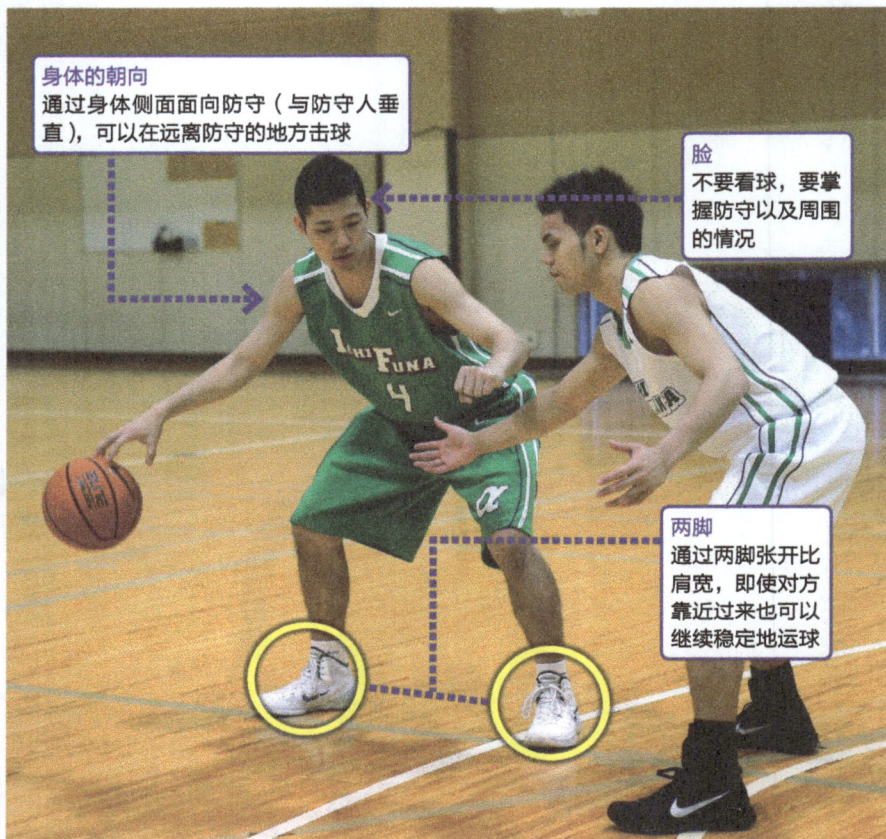

身体的朝向
通过身体侧面面向防守（与防守人垂直），可以在远离防守的地方击球

脸
不要看球，要掌握防守以及周围的情况

两脚
通过两脚张开比肩宽，即使对方靠近来也可以继续稳定地运球

明确运球的目的，而且在比赛中简单地发挥出来

　　运球有很多的技巧。虽然对技巧产生兴趣并在练习中做各种尝试的想法是非常重要的，但是我更推荐在比赛中进行"简单运球的组合"。实际上，越是技术高超的选手越不会过多依赖技巧。通过掌握时机后的很小的速度变化就可以巧妙地摆脱对方。

　　重要的是运球的目的要明确。

- 边运球边掌握周围的情况。
- 向对方场地运球。
- 摆脱对方防守，与得分紧密相连。

通过持有这类明确的目的，可以变得有效活用运球。

另一侧手
拦截对方，使防守者无法继续接近

球
强力拍球，使球的落地声可以响彻整个场馆

膝盖
通过适度地弯曲膝盖，使身体放低，这样可以快速转换到下一动作

横向

NG

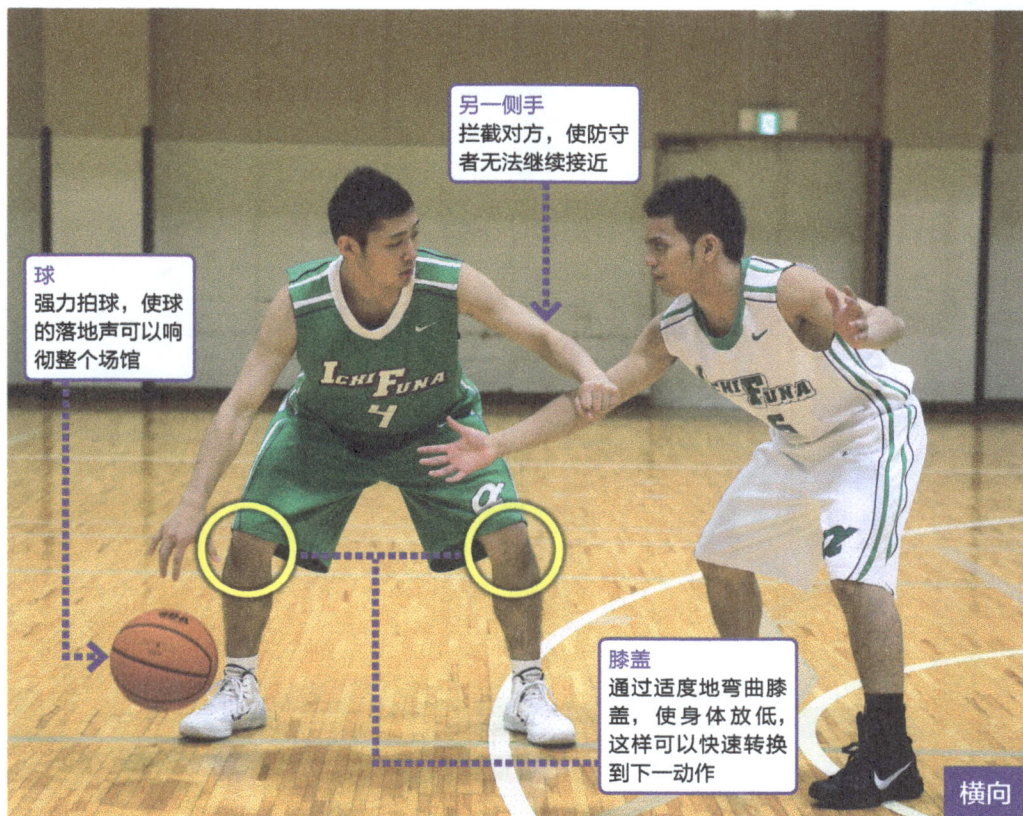

将球置于身体前方，而不是用另一侧手保护球，同时动作又比较慢的情况下，极易被对方防守队员夺球。需要注意。

上下错位的同时变换速度

边控制速度边向对
方阵内运球前进。

边运球边使上半身上浮，使防守动摇。

上半身上移来动摇防守

　　虽然快速运球是在1对1的情况下取胜的重要武器，但是还有需要重视的一点，就是"速度的变化"。在试图向对方场地运球或者摆脱对方防守投球得分时，需要变换速度。这就是"变速球"。

　　但是仅仅通过加快或减慢运球速度，防守就比较好应对。在这里想给大家推荐的就是"制作出上下的错位"。也就是说，慢慢运球，同时使上半身上浮，来迷惑防守。关键是，这样，当防守者也跟着上身抬高的瞬间，变速运球，一下子提高速度。

当防守者身体抬高的瞬间，降低身体摆脱防守。

由防守者的近身侧面摆脱，使对方无法应对。

Point

还有一种方法，是踏出与运球手同侧的脚，另一只脚（图示为左脚）交叉，摆脱防守。在防守者与球之间插入自己的身体，这样有不容易被对方夺球的优点。

仅仅球本身远离身体向前突出，则容易被对方夺球，需要注意。

制造左右错位 1

通过对球的高度的控制来引诱防守的手

当想要通过运球来摆脱防守时，对方会进入运球的路线试图阻止。在这种情况下，可以有效地通过球的左右移动从反向侧面摆脱对手。这种运球方式叫作"身前换手运球"。

当与对方防守之间的间距保持得比较充分时，可以简单地在身前进行球的移动。但是，随着与篮板距离的缩短，这种运球就会越来越困难。在这种情况下，起到关键作用的就是在运球中加入引诱防守队员手的动作。例如（如图所示），调整球的高度。这时，防守者就会试图夺球而伸手。利用这一间隙，使用身前换手运球。

运球的路线被对方防守队员阻止的情况。

边调整运球的高度边引诱防守队员。

绕过出手的防守者，将球向相反的侧面移动。

通过制造左右的错位，达到摆脱防守的目的。

当手变成从球下方支撑的动作时，就会造成"两次运球（不存在肢体接触的违规）"的情况，球就会判给对方。还有，当防守位于正前方时，在较高的位置运球是很危险的。

制造左右错位 2

在大幅张开的两腿之间边拍球边移动

在与防守保持足够距离的情况下，可以通过身前换手运球（上一页），使球左右移动。但是，随着水平的提高，来自防守的压力也会加大，身前运球也会越来越困难。在这种情况下，在大幅张开的两腿间运球，并同时制造左右错位的"胯下运球"可以得到有效的利用。

当察觉到这一运球动作时，对方会当即出手，这时，就可以立刻换到另一只手继续胯下运球。为了能达到这种效果，自己应该要做到在看不见球的情况下也能流畅地运球。另外还要注意，如果两腿张开的幅度不够大，运球时球有可能会碰到腿。

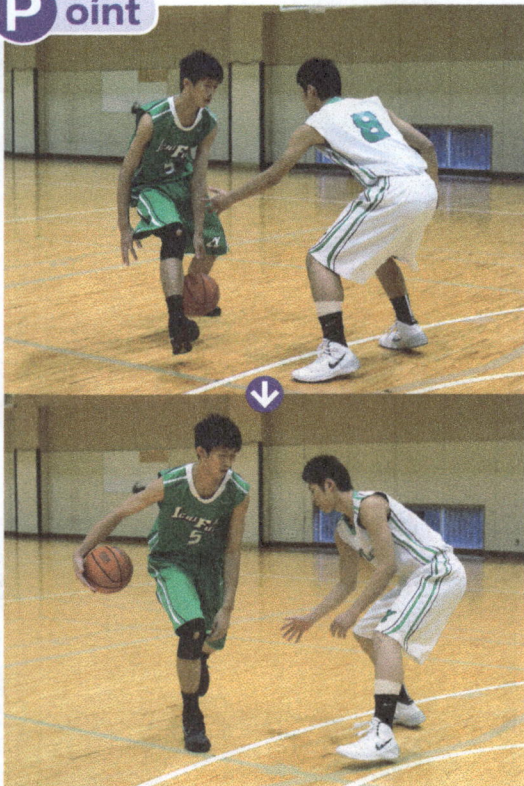

如果只通过惯用手进行胯下运球，就很容易被对方看透。因此，要通过练习做到另一侧的手也能做到胯下运球。另外，图中示范的选手是身高 2 米的中锋。即使是在比赛中很少用到的打法也要积极地练习，为未来做准备，扩展可运用的打法的范围。

边控制运球的速度边与防守
周旋。

边两脚张开边在两腿中央位
置运球。

边用身体对球进行防御，边
用另一侧手继续运球。

通过左右移动球，来摆脱
防守。

在护住球的同时转身，并向反方向转回

当防守者主动接触过来时，背向防守者护住球

边控制运球的速度边与防守者周旋

通过后背感知防守动作，冷静地判断下一动作

迅速转身向反方向运球

在背朝对方的同时继续运球，并试图发动攻击

当防守施压很强的情况下，不得不边与对方进行身体接触边运球。寻找转身背对对方，边运球边试图发动攻击的时机。

掌握时机后，在运球的同时，转身，并从另外一侧开展进攻的运球方式，叫作"转身运球"。这种运球下会形成身体夹在防守与球之间来保护球的状态。但同时由于无法看到篮板，并且很多情况下会被对方瞄准再一次转身的时机，所以要保持警惕。而且由这种运球直接投篮是非常困难的，所以等到一旦状态调整好了就立刻瞄准投篮。

边估计与防守者之间的间距边运球

正面

立即切换到另一只手（图示为左手）运球，转换运球模式开展进攻

NG

由于转身运球动作中很容易被对方瞄准再次转身的时机，所以要注意。

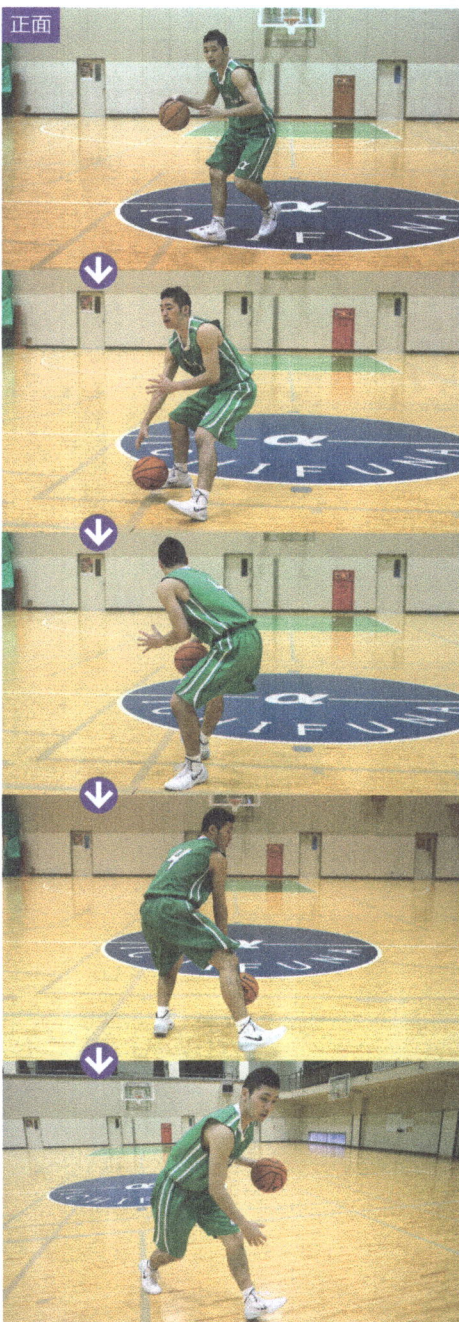

运球时的进攻方法

当防守的位置处于持球人与篮板中间时。

通过运球来试图使进攻人与篮板之间无障碍。

不要对防守产生恐惧，争取距篮框的最短距离

持球人与篮板是否有障碍决定了从运球到投篮是否能够成功。因为，对方也会采取压制线内的位置进行防守。

只要想积极获取到篮板间的最短距离，就免不了会与对方防守发生肢体冲突。避开对线内的积极争取，就很容易被防守住。因此不能害怕肢体冲撞。这种攻击态势才会引导对方犯规。

以防守的近身侧面为路线运球摆脱对手。

通过径直朝篮板移动，可以投篮。

P oint

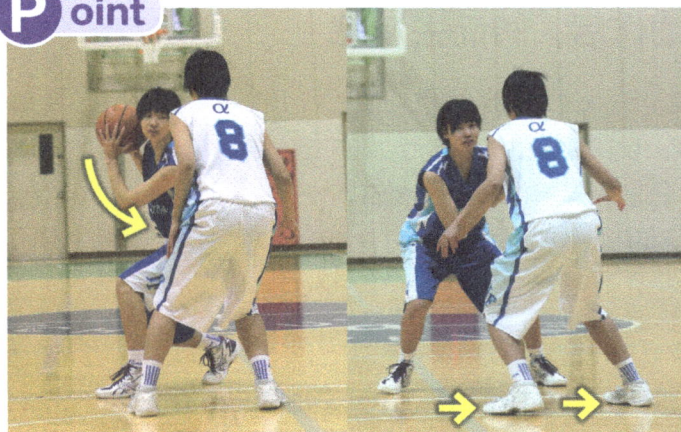

通过左右挥动篮球，可以使防守的重心改变，更容易赢得机会出线内。

制造上下的错位

采取可以进行投球、传球、运球的三重威
胁的攻击姿势。

看准篮板，准备投球。

做出投篮的动作后，转而去运球

　　对方防守非常讨厌被己方投球得分。反过来利用这种心理的方法就是
"投球假动作"。摆出投球姿势引诱对方后，防守队员会伸手试图阻止投球。
在防守上半身拉伸的同时迅速转而运球，继而再投球。

　　"假动作"就是为了迷惑对方。这种打法可以说是在 1 对 1 与对方周旋
的状态下能够使自己处于优势。在做出投篮假动作之后，可以边运球边做出
运球假动作，或者，可以做出让对方以为自己要传球、实际进行投球的"传
球假动作"。

做出要投球的样子，使防守者的上半身上移。

抓住防守者整体姿势太高的空隙，迅速转换成低姿势的运球。

向篮板移动。

P oint

在禁区附近对速度进行控制，可供选择的打法就增加了。也就是说，如果以最快速度冲入禁区的话，就只能通过跑步上篮的方式投球，这样很容易被对方防守看穿。

NG

当上半身上移后转换到下一动作时，注意速度不要太慢。

保持身体平衡转换到投球姿势

③ 绕过身体高起的防守者、运球

确认空间是否足够投球 ④

强烈认识到身体正面向篮板

持球面对防守时，有一种打法是通过一次运球，紧接着投球。虽然因为只通过最低限度的运球就可以投篮，所以在比赛中经常被运用，但如果身体侧倾，投篮的成功率就会降低，所以要让身体停稳，而且脚尖要面向着篮板。

在投球假动作之后向着篮板迈进或向后方迈步投球时，通过距离的调整可以做到控场的效果。但在身体侧方运球时，需要重视的一点是，清晰地意识到身体是否确实面向篮板，然后再投篮。

② 通过投球假动作来
动摇防守

① 采取可以进行投球、传球、运球的
攻击姿势

⑤ 两脚脚尖面向
篮板，停稳

⑥ 注意身体平衡，径
直向上跳起投篮

NG

如果两脚脚尖没有面向篮板，身体就会侧倾，投篮也会不稳定。由于出现这种情况的选手很多，所以初中和高中的球员们要认真练习。

利用圆锥筒提高持球能力

　　提高运球水平的关键就是养成控球的感觉。这叫作"控球感"。虽然在控球感的练习中，有在静止状态下练习的方法，但是为了提高技术，在更加接近实战的条件下练习应该会更有效。因此，将彩色圆锥筒（椅子也可以）看作防守者，尝试一下接下来介绍的这种运球转换。练习的重点是不要看球。而且一定要左右手都进行练习。

模式❶

身前换手运球

在整个球场上放置两列彩色圆锥筒，每列等间距地放置六个。将它们看作防守者，进行运球。

通过使球左右移动的身前换手运球，来摆脱防守（圆锥筒）。

模式❷　从一次运球到身前换手运球

通过身前换手运球使球左右移动后，然后运一下球停顿，继续身前换手运球。

模式❸　单手运球转换

仅通过单手（图示为右手）实现篮球的左右移动，来摆脱防守（圆锥筒）。
如何很好地控制球从身体内侧向外侧的移动是关键。

模式❹　从一次运球向单手运球转换

仅通过单手（图示为右手）实现篮球的左右移动，然后运一下球停顿后，再次用同一只手继续进
行球的左右移动。

用两个球进行的运球训练

接下来要介绍的是用两个球进行的运球训练。听到"两个球"，很多人也许会想到同时运两个球或者交叉运两个球的"双球运球"。这也是非常重要的练习，也希望大家能够认真对待。但是另外一个想要大家重视的是，一手持球、另一手进行运球训练的练习。因为这种状态下人很难保持平衡，所以更能接近实战的情况。而且当转换方向时，持球要换手，这就更能够提高控球能力了。

模式❶

内外转换

一手持球（图示为左手），另一手运球（图示为右手）。

通过目测与防守（圆锥筒）之间的距离，右手的篮球向身体中心移动。

反过来将球运向身体外侧，进行内外转换。

用同一只手（图示为右手）拦住外侧来的球，在圆锥筒前反复重复同一动作。

模式②

身前换手运球

一手持球（图示为左手），一手运球（图示为右手），从一个圆锥筒到另一个圆锥筒倾斜移动。

到圆锥筒面前后，通过身前换手运球转变方向，将拿着的球转换到另一只手（图示为右手）。

左手接住从地板上弹起的球，进行控球。

右手持球，左手边运球边向反方向的圆锥筒移动。

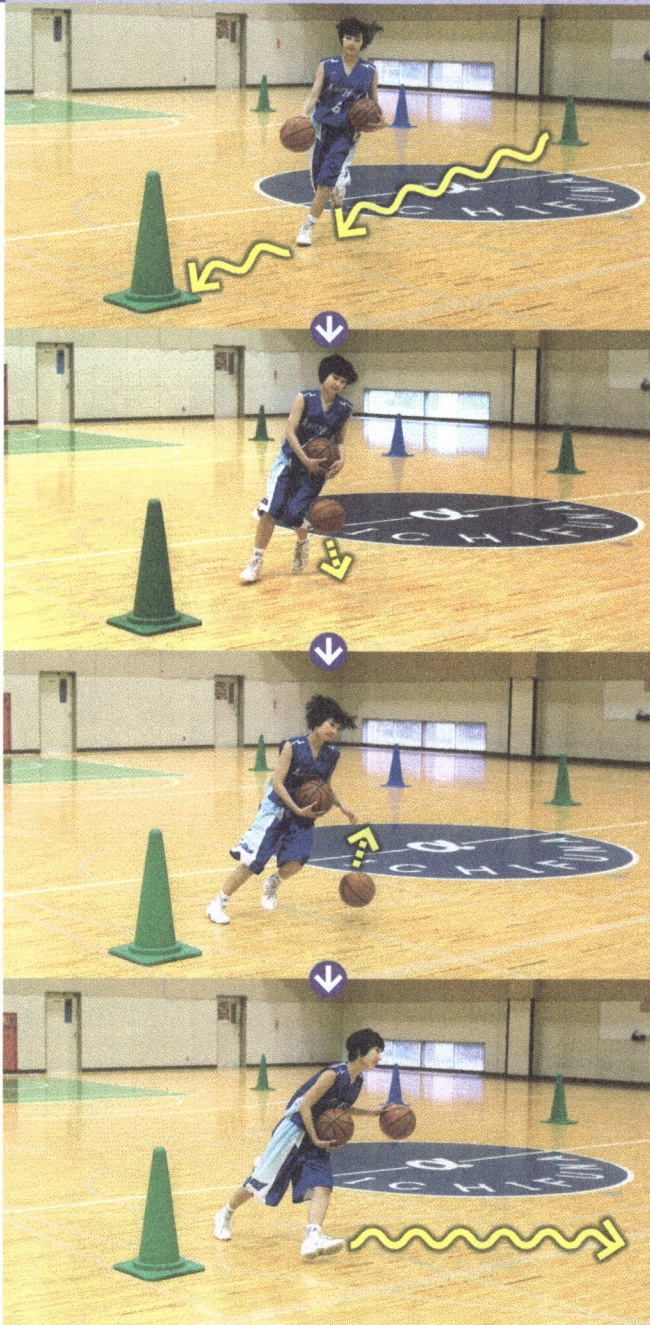

模式❸　身后运球

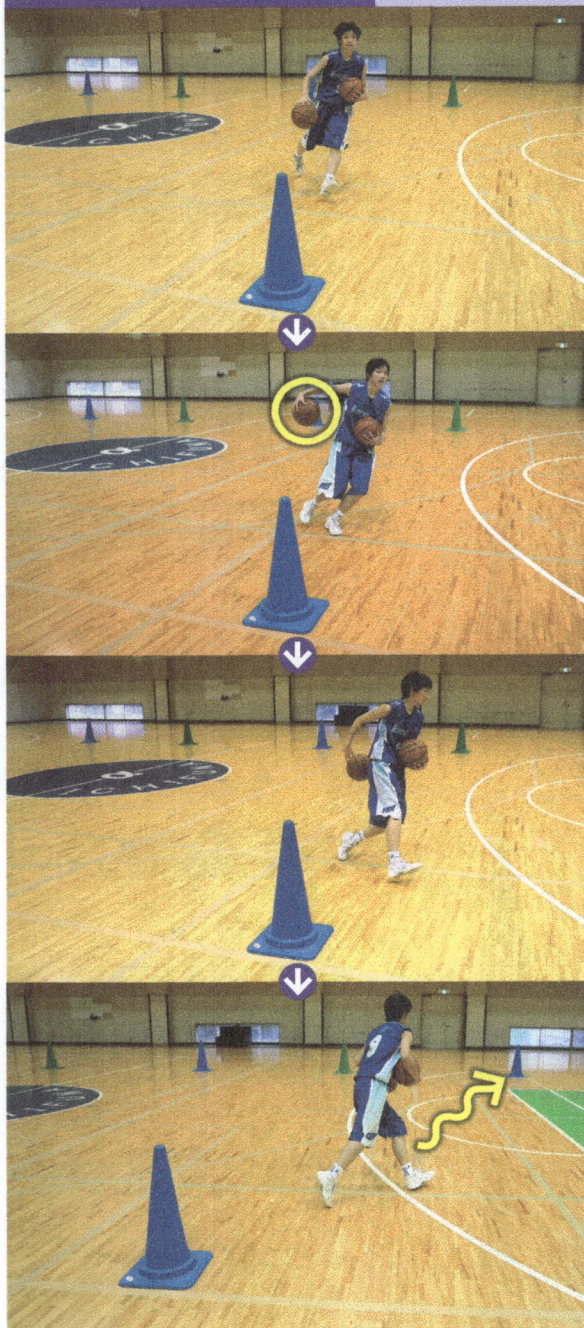

一手持球（图示为左手），一手运球（图示为右手），从一个圆锥筒到另一个圆锥筒倾斜移动。

到圆锥筒面前后，边继续运球，边将球运至身后。

进行球落在身后的背后运球。

将持于左手的篮球换至右手，用左手进行运球，到达另一侧的圆锥筒后再次进行背后运球。

模式❹

腿间运球

一手持球（图示为左手），一手运球（图示为右手），从一个圆锥筒到另一个圆锥筒倾斜移动。

到达圆锥筒后，两腿前后张开，进行腿间运球。

在腿间运球的同时，将持于左手的球换至右手。

左手进行运球，到达另一侧的圆锥筒后再次进行腿间运球。

模式❺

转身运球

一手持球（图示为左手），一手运球（图示为右手），从一个圆锥筒到另一个圆锥筒倾斜移动。

到达圆锥筒后，停顿一下，继续运球。

边转身运球边用运球手（图示为右手）继续运球一次。

将持球换手，用另一侧的手（图示为左手）来运球，到达另一侧圆锥筒后再次转身运球。

穿过两名防守者之间

在己方半场、中线和对方半场分别设置两个圆锥筒，将它们视为防守进行突破训练。在己方半场要注意高速运球，在对方半场要注意制造左右错位，运球后进行投球。此项训练中最重要的关键点是穿越中心线上放置的两个圆锥筒的运球练习。由于在实战中，对方为了阻止球运到自己的场地内，往往也会采取双人防守来施加压力，所以就假设在这种情况下进行练习。

模式❶

通过制造左右错位来突破

运球接近中心线上的两个圆锥筒。做出从左向右移动的样子，实际上从两个圆锥筒之间穿过。

降低身体，进行运球。

保持较低的身体姿势，一口气加速，进入对方半场。

调整身体姿势，控制速度。

模式❷

通过制造上下错位来突破

运球接近中心线上的
两个圆锥筒。

上半身上浮与防守者
（圆锥筒）周旋。

身前换手运球，同时
降低身体重心。

将球控制在防守者的
手够不到的较低位置。

调整身体姿势，控制
速度。

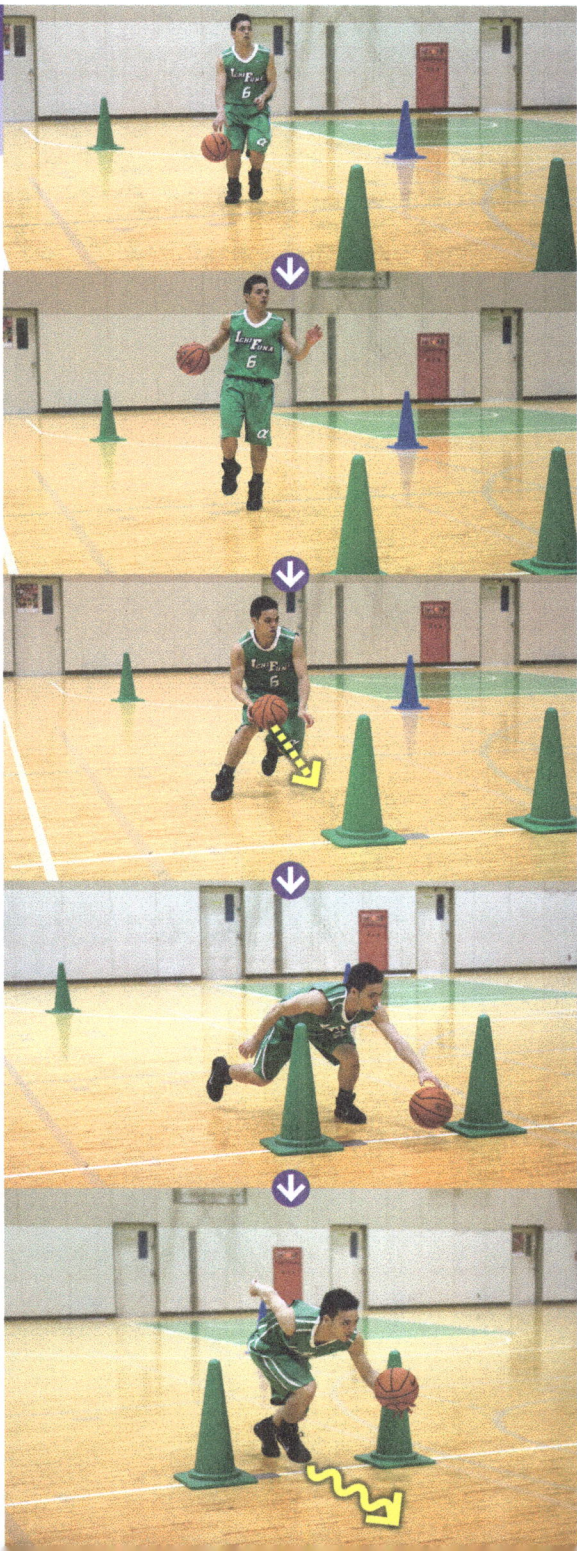

第4章

具备投球变化

比起在距离篮板远的地方投球，更近的距离投球准确率更高。跑动过程中接到传球更容易投球成功。但对方也不会让你轻易得分，盯人也会加强。特别是在篮板前，利用块头较大的选手来防守的情况很多。因此需要掌握能够绕开他们的投球技巧和步法。

掌握多种投球技巧

用远离防守者的一侧手（图示为右手）进行运球，向篮板前进。

右脚踏出第一步的同时，将球的位置定于脸侧，肩膀上方。

从带球上篮开始

在完全突破摆脱对方防守之后，能够确实地投篮得分的基本方法之一就是"带球上篮"。如果用右手上篮，就要先右脚后左脚，按着"1、2"的节奏跨步。如果用左手上篮，就是先左脚再右脚。这是需要掌握的基础。

仅仅练习这一种方法并不是基础投篮的全部内容，因为有时要在没有完全摆脱对方防守的情况下投篮。

因此在这一章中将介绍应对各种情况的投球技巧和步法技巧。在这之前，我们需要先练习带球上篮，尽量减少比赛中的投球失误。

在左脚踏出第二步时，注意不要让防守者碰到球。

使球轻触篮板，入筐得分。当从相对的方向来投篮时，脚的步伐要进行左右交换。

当迈步时将球伸向防守者所在的方向的话，容易被对方夺球

将球上举使对方无法夺球

用远离防守的一侧手（图示为右手）进行运球，向篮板前进。

迈步的同时，在空中抓住球，将球举高并保持。

将球举到防守者无法碰触的位置，向篮板迈步。

当球处于对方一侧时，容易被盯上。所以……

在带球上篮时，为了不让对方防守者夺球或被对方拦下，需要下功夫。

尤其是当迈步想要投球时，将球举高的过程是对方很容易盯上的。所以建议在迈步前就将球举过头顶，保持这个姿势进行投球。

所以需要努力练习，使身体习惯与一般的带球上篮的姿势（上一页）不同——将球举过头顶。

右脚迈出第一步。　　　　紧接着左脚。　　　　使球轻触篮板，入筐得分。

Point

当用相对的方向来投篮时，脚的步伐要进行左右交换。

NG

将球举高时，要注意一定有一侧脚不着地。如果双脚着地，再迈步就会构成走步犯规。还有，不要忘记在空中抓紧球。

通过踏出另外一只脚来绕过防守者

用远离防守者的一侧手（图示为右手）进行运球，向篮板前进。

左脚迈出大大的第一步后，身体会贴近防守者的身体内侧。

右脚迈出第二步后，进入投篮姿势。

有效使用与基础动作不同的反方向步法的理由

在带球上篮中，右手投球时，应该先右脚再左脚，左手投篮时，应该先左脚再右脚。这是动作的基础。但是与之相反的步法也可以得到有效的活用。

这样做的其中一个目的就是让防守拦截的时机落空。使对手不知该如何应对。

同时，尚未投球时的"身体朝向"是要关注的重点。如果利用基础的带球上篮动作（74 页），最后结束时，身体是背对着篮板的。但在使用这一相反的步法的情况下，结束时身体可以正面面对篮板，有利于展开接下来的进攻。

通过迈步顺序的变化，防守者就很难把握拦截的时机。

注意保持身体平衡，切实地投篮得分。

P oint

关键点在于大大地迈出第一步，但是持球迈出的第一步注意不要变成右脚（应为图中的打法）。如果是迈右脚时持球，再迈下一步就构成了走步犯规。

通过另一侧手投篮来绕过防守者

停止运球，抓住球。

右脚跨出一步。

一步而且要用另一侧手来投球得分

到目前为止介绍的带球上篮都是两步之后再投篮。上述基础练习做好之后，接下来学习一步的带球上篮练习。这样可以让防守拦截的时机落空。

在这种打法中，用靠近防守者一侧的手（图示为左手）来投球可能会更加容易得分。而且这种投篮方式会使防守者觉得篮板很碍事，并且很难拦截投球。需要注意的是要通过练习，使一步迈完后两只手都可以投球。

左脚不需要跨第二步，直接
用左手投篮。

使防守拦截的时机落空。

P oint

如果面向篮板一步之后进行带
球上篮比较困难的话，可以先
熟悉通过两步之后另一侧手投
篮的动作。熟悉之后再练习一
步的动作。

从带球上篮切换，来绕过拦截

提早投球，使球的轨迹呈现一个高高的弧形

　　在想要避开横向而来的防守者或者篮板下做好准备的对方中锋的拦截时，有效的方法是"飘球"。通过提早投球，并且使球的轨迹呈现出一个高弧形，可以有效地使对方的拦截落空。

　　但是由于身体容易侧偏，调整投球的轨道不容易，所以可以说这是一项高难度的投球技巧。因此，不应该想着是否能侥幸从对方手中逃脱，而应该通过对步法下功夫来优先练习带球上篮。这样更加保险，而且也有可能引诱对方犯规。为了应对突发情况，也要学好飘球的技术。

用远离防守者的一侧手（图示为右手）进行运球，向篮板前进。

通过把握与防守者之间的间距，冷静判断投球方式。

不仅可以从左右交叉迈步的交叉步来的飘球，也可以有从两脚同时着地的跳步而来的飘球。虽然后者在投球的时机上是慢了一点，但身体却更加稳定。注意，想要避开对方的拦截，需要保持足够的距离。

迈左脚，带球上篮。

当确认对方前来拦截时，转换成飘球。

使球轻轻飘起，绕过对方的拦截。

背向篮板投球得分

用远离防守者一侧的手（图示为左手）进行运球，向篮板移动。

边绕向篮板的反侧，边迈出第一步（图示为左脚）。

看不到篮板、难度指数高的投篮

当想要带球上篮（74页），而对方防守紧追不舍时，可以跑过篮板从另一侧投篮。这叫作"背后投篮"。这种投球方式是运球绕过篮板，使后背面向篮板，进行投球。

虽然看不到篮板，同时技术难度很高，但是只要掌握好背后投篮的角度就可以切实命中。对跑动时的状态也要有所估计，应该在哪里起跳才能够背后投篮得分，要掌握这种感觉。

迈出第二步（图示为右脚）后，看准篮板确定投球目标。

用底线一侧的手（图示为左手）进行投球。

在进球之前视线不要离开篮框，使球正确地碰触篮板进球得分。

Point 由于在这种打法中，防守者在篮筐下盯人，所以用靠近底线一侧的手进行背后投篮。相反的，如果在底线一侧有防守者在试图拦截的话，就要用另一侧手（右手）进行背后投篮。

使身体稳定后，可供选择的打法也随之增加

用两手运一次球

接到传球后转而投球时，可以得到有效活用的就是"强行过人"。与多次运球的普通运球不同，强行过人中只能同时用两手运一次球。因此与其说是通过运球突破，不如说是通过球的反弹造成对持球人有利的状况。

在一般的带球上篮（74页）中，跑动很难转换成其他的打法。但是在强行过人中，通过一次强力运球使球反弹后，可以使持球人以更平衡的姿势稳住，可以切换成其他的打法，例如传球。

通过跳停，在蓝板附近打到位置。

冷静地判断应该投球还是传球。

将反弹回来的球在身体中心处抓稳。

在向篮板方向跑动的同时，估计接到传球的时机

强行过人之后，如果采取身前运球，则容易被对方防守截球，需要特别注意。

身体放低，两手在两腿之间运一次球。

目测与防守者之间的间距，判断打法。

左右大幅移动，突破防守网

向着篮框前进。

估计与过来防守的对手的距离，迈出第一步（图示为右脚）。

将球置于防守队员的手碰不到的地方，向反方向移动。

看准空着的地方，大幅跨步

由于欧洲的顶尖选手经常使用这种步法，所以称其为"欧洲步"。所谓欧洲步，就是看准周围空着的位置，大幅迈步之后投球的打法。这种打法给人的印象不是向着篮框直线前行，而是通过身体的左右晃动来突破对方的防守网。

这是在1对1中，对方防守很强的情况下使用的打法，或者当对方防守超过两人时也可以使用。总而言之，先通过第一步摆脱盯住自己的防守者，如果旁边的防守者也靠近过来了，就再通过第二步摆脱。但是由于使用单脚支撑身体，所以要注意保持身体的平衡。

为了拉大与防守者之间的距离，迈出第二步。

注意身体平衡。

NG

将球左右移动时，如果在身前进行就很容易被对方夺球，需要注意。

在无防守的状态下带球上篮。

通过最后一步改变身体的朝向

注意保持身体姿势，准备投球。

第二步用跳步稳稳地停住。

跳起并大幅跨步后可以拉开与防守者之间的距离。

最后两脚同时落地的跳停

　　与欧洲步（前一页）一样，跳步也是突破对方防守网投球的重要打法。与欧洲步相同，当防守人数有两个人时也可以有效地使用。但与欧洲步不同的是，跳步可以同时改变身体的朝向。最后两脚同时着地的跳停是这一步法的基础。

　　运球后在空中抓住球后，也有选手使用两脚交错落地的跨步停。这也是正确的方法，但是很容易被看作是走步犯规，所以应尽量练习使自己适应两脚同时落地的停法。

将球举过头顶，并迈步转换身体的朝向。

估计与防守之间的距离，冷静地判断打法。

用远离防守的一侧手运球。

如果在身前移动球就很容易被防守夺球，需要注意。

篮框下的背身单打

努力练习，使自己在篮框附近区域接到传球后，能够切实地投进得分。像图中那样，背对防守或篮框的打法叫"背身单打"。身高或活用弹跳高度可以成为进攻的武器，但是仅仅在篮板下等着是不会有传球的。从另一侧向有球一侧移动才是接传球的关键。

持球人处于翼侧，而对侧的篮筐下形成了1对1的态势。

篮框下的选手向有球一侧移动。

在篮框下确实地接到传球。

面对防守者身体放低，将球置于脸侧使对方无法触球。

后撤转身（图示中右脚后撤）正对篮框。

NG

前转（图中左脚向前迈出）的话，会被对方施压，无法制造与防守者之间的间距。

制造与防守者之间的间距，跳投得分。

利用强壮的身体创造投球线路

　　在篮框附近区域可以活用的不仅仅是身高，还有强壮的身体。（上一页）在背身单打中身体的强度也是很必要的，特别是当与防守之间的身体接触比较激烈时。这时在篮板下的没有角度投篮的地方使用强行过人，使防守失败，再进行投球。这种练习也是必要的。

篮筐与底线之间，没有角度可以投篮。　　通过强行过人，与防守者有身体接触。

如果用手推防守队员，就会造成进攻方的犯规，需要注意。

通过身体强度的优势制造投球的角度。

臀部朝向防守者，跳起投篮。

通过步法的速度来强行投篮

高度、强度之后，接下来希望大家关注的就是"步法的速度"。禁区附近，快速迈步，来确保投球的空间。也就是说，在靠近篮筐的区域，需要冷静地判断应该活用高度、强度和速度的哪一个，采取哪种打法。为此，需要练习速攻后的强行投球。

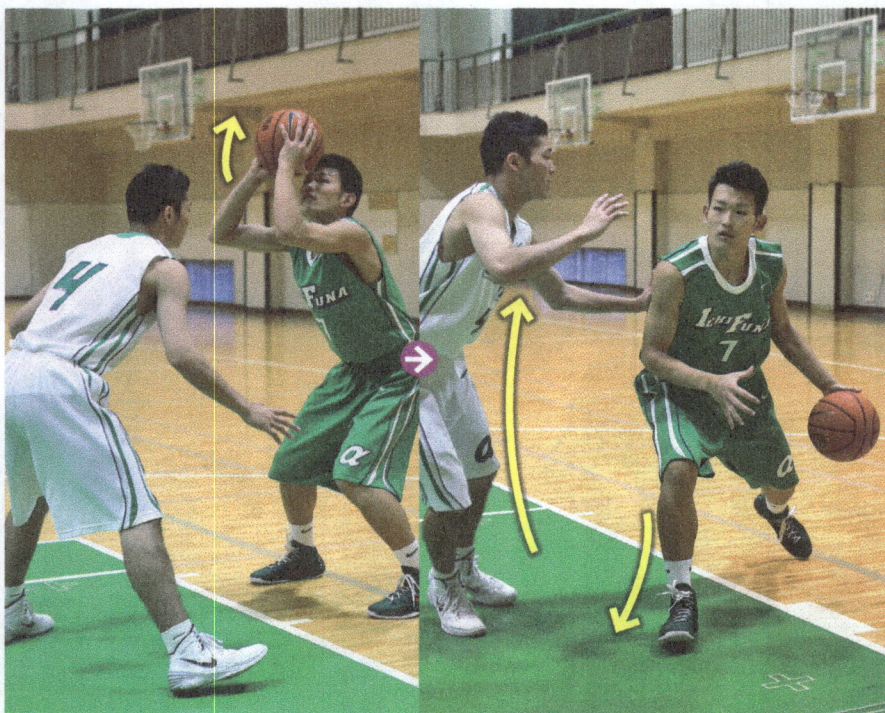

通过投球假动作（60页）来动摇防守者。

抓住防守者上半身上浮的破绽，快步向篮框移动。

NG

如果讨厌与防守者有身体接触而想要轻松地投篮，就很容易被拦截。

确认与防守者之间的距离后，进入投球准备姿势。

选择会与防守者有身体接触的强行投球。

后撤进而投球

通过运球接近篮框时，对方防守也会进入运球路线阻拦。这时有两种情况。一种情况是强行向篮框移动。另一种情况则不需要。后者，可以向后方迈步，"后撤"之后准备投篮。大步后撤之后径直向上跳起投蓝，这一动作也需要反复练习。

1 边与防守者进行身体接触边踏出一侧的脚（图示为左脚）。

2 踏出的脚强力蹬地，大步后撤。

保持身体平衡，把握防守者的动向。

正对篮框稳稳停住。

在向后方后撤之前，与防守者进行身体接触时，手推对方会构成攻击一方的犯规。

径直向上跳起投篮得分。

使球轻轻飘起的勾手投篮

在篮筐附近区域，让球轻轻飘起，绕过对方防守拦截的"勾手投篮"，是得分的绝对武器。这种方法可以使身材相对较小的选手绕过身材高大的选手的拦截，也可以让身材比较高大的选手活用自身的身高。因为会半身对向篮框或防守者，所以单手投篮得分是不容易的。需要经过反复练习来掌握球感。

与防守者进行身体接触的同时，冷静地判断打法。

侧身向着篮板和防守者。

Point

运球，当内线无人时，向着篮框的方向，脚径直前伸，确保投球空间。这样成功的概率会更高。

用远离防守者一侧的手将球举高。

没有持球的手（图示为左手）隔断防守的拦截。

使球轻轻飘起，勾手投篮。

第5章

2 对 2 的攻略

有时即使接到球也无法投球，或者在1对1中通过运球无法制造投球的机会，这时通过团队合作可以打开攻击的突破口。就如"2对2"的字面意思一样，面对两个防守者，用2人合作的战术来应对。由此可以在比赛中制造投球机会。这种打法的关键是"传球"。

与队友合作打开局面

| 跑传 | 在还没有投球时，先将球传给队友，然后向无人防守的区域跑动。跑入后再接传球进行投球。 |

➔ 接136页

区分使用三种战略，开展 2 对 2

　　"2对2"的战略可以大致划分为3种。第一种是在跑动过程中顺利完成传球的"跑传"。第二种是通过运球突破对方两人防守后，将球传给无人防守的队友，这叫作"突破配合"。接下来的第三种是"掩护打法"。"掩护"就是进攻方的一名队员像墙壁一样稳稳站立、阻碍对方防守的一种进攻方式。

　　很重要的一点是根据选手的特性、团队风格、比赛情况和对方防守的对应方式，来区分使用这些进攻方法。从下一页开始详细介绍每种进攻方法。

突破配合

持球人向着篮板通过运球突破。当辅助防守者也靠过来时，将球传给没有被防守紧盯的队友。

→ 下一页

掩护打法

进攻方的一名队员不动，妨碍对方防守的动作。持球人使用掩护法时，也有一种方法是掩护的那名队员持球。

→ 接112页

向篮板方向跑入

图例		
〜〜➤ 运球	● 进攻	⊕ 球
┅┅➤ 传球	▼ 防守	★ 投球
➤ 人的移动方向		

将防守引到眼前，再配合使用反弹传球

通过运球将防守引到眼前，配合已向篮板方向跑入的"潜入者"。配合着图片我将详细加以说明。下页图片1和2中，A持球通过运球制造2对2的状况。如果期间有投球机会，可以直接投球。在图片3中，针对A的运球，由于防守C未能进入运球路线加以阻拦，此时防守D就会过来辅助防守，这时A通过反弹传球将球传给正在向篮板方向跑入的B。在图片4和5中，由于B在距离篮框很近的区域接收传球，所以有了成功率很高的投球机会。

1 A持球运球主动进攻

2 防守D进行辅助防守

3 A将球传给跑入篮板方向的B

4 在篮板附近区域接收传球

5 B投球得分

P oint

在比赛中经常会使用"3外2内"的进攻阵型，就是说3个人在外侧，2个人在内侧。下图中所显示的3人位置处于外侧的情况下，持球人可以通过向其中一个人的方向运球来制造2对2的情况。

持球人

利用持球人所在的空间

运球	进攻	球
传球	防守	投球
人的移动方向		

当辅助防守者进入内线时

　　接下来介绍的是进攻方的运球，辅助防守队员进入了内线的路线，持球人进行侧面运球的配合。在下页图片1和2中，A持球运球主动进攻时，当防守C被完全摆脱，辅助防守的D进入了内线的路线中。图片3和4中，这种情况下，B想要在距离篮板近的区域内接收传球是很难的，所以向外侧的空白区域移动。察觉到B动作的持球人A则冷静地判断下一步动作。在图片5和6中，由于持球人A将防守的两人限定在了内侧，所以给B的投球创造了机会。

1 持球人A运球进攻

2 防守D进行辅助，进入内线

3 B寻找空的区域，然后动起来

4 持球人A稳稳停住后把握B的动向

5 A将球传给在外侧无人防守的B

6 B积极尝试投球

Ｐoint

这种打法的优点在于，B身体正面接收传球，所以也更方便进行投球。如果持球人A不通过运球进攻而是直接横向将球传给B，那么B也很难投球，因为侧面接收的传球与正面接收的传球相比，还要花费一个调整身体的时间。

跑入底角

图例		
〜〜〜➤ 运球	● 进攻	✹ 球
┅┅┅➤ 传球	▼ 防守	★ 投球
──➤ 人的移动方向		

跑入底角或近底角处接收传球

　　突破配合还有一种方式，即移动到近底角或底角位置接收传球的"漂移"。

　　下页图片1和2中，与站在外侧想要从A处接收传球的B的动作相对应的，防守D也在很高的位置上施压。图片3和4中，当B无法跑入篮板位置时，可以向底角或者近底角处（底角与篮板中间的区域）跑动。图片5中，为了能在这种情况下也准确进球得分，平时练习时，除了从篮板的正面投球之外，也要练习从篮板的侧向投球。掌握进球时的球感。

1 B在外侧试图接收传球

3 防守D从外侧靠近过来施压

2 持球人A选择运球

4 B向底角空着的区域移动

5 在近底角或底角区接收传球并投篮

Point

在上面的图片中，虽然是要向近底角处（底角与篮板之间的区域）跑动，但更准确的说法是呈弧形向外跑动。特别是擅长三分球的球员，应该反复进行向底角移动并接收传球的练习。

掩护打法与使用者

掩护人（作为掩护站着的选手）

紧盯使用者的防守队员（防守使用者）

使用者（使用掩护的选手）

紧盯掩护人的防守队员（防守掩护人）

持球人成为掩护打法使用者时的掩护打法

　　进攻方的一名队员像屏障一样（站住不动），妨碍防守者的动作。这种战术在空间有限的情况下能够在不耗费时间的前提下创造投球机会。

　　请看一下图片。此时持球人使用了掩护打法。这时可以称持球人为"使用者"（使用掩护打法的选手）。作为屏障站立不动的选手称为"掩护人"。他们各自对应一名防守队员，根据对方的动作来转换进攻方式。也有掩护人持球的打法（122页）。

使用者与掩护人擦身交错，这叫作"错身"。这一动作是为了使紧盯自己的防守者撞上掩护者，再根据包括紧盯掩护人的防守者在内的防守队员的动作，决定进攻方法。

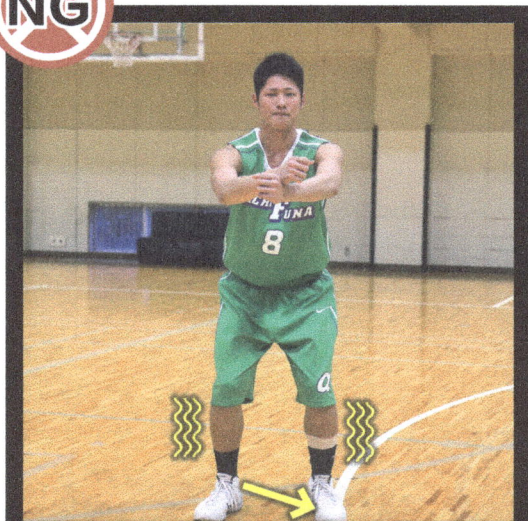

两只脚距离近的话就会身体不稳，而且如果伸出两手推搡防守的话会构成进攻方的犯规，所以需要注意。

掩护人应该两脚大幅张开，身体用力挡下防守者的动作。而且一旦屏障张开了就不能再动了。

使用者试图投球

∿∿➤ 运球	● 进攻	🏀 球
➤ 人的移动方向	▼ 防守	★ 投球

设置掩护时注意位置和角度

下面通过图片来介绍当持球人成为掩护打法使用者时，利用掩护的"挡拆战术"。

下页图片1中，当掩护人B在移动过程中，持球人A应该在护住球的同时，思考应该开展怎样的打法。需要注意的是，如果出手过早，就无法有效地使用掩护。

图片2和3中，作为掩护人站着的队员B，应该注意掩护的位置和角度。针对防守C采用垂直姿势的掩护，就会使对方更容易撞上自己。

图片4和5中，持球人A确认紧盯掩护人的防守队员D已经远离自己之后，应积极尝试投球。

1 掩护人 B 开始动作

2 B 作为掩护者不动

3 持球人 A 成为使用者，开始运球

4 防守队员 C 被掩者护拦下

5 使用者 A 处于无人盯防状态，投球

P oint

当防守 C 提前预估到战术后，将重心向掩护人的方向倾斜时，持球人就不要再使用掩护，可以向反方向展开进攻。

掩护人向篮板方向跑动

〰️▶ 运球	🔴 进攻	🏀 球
┈▶ 传球	🔻 防守	⭐ 投球
──▶ 人的移动方向		

当紧盯掩护人的防守队员也盯住持球人时

在持球人成为使用者、使用掩护打法的"挡拆战术"中，根据防守队员的反应，也可以有效地使用掩护人向篮板方向跑入的打法。

在下页图片1和2中，当使用者的防守C被掩护人拦下后，掩护人的防守D立刻反应。这种更换盯人的方式叫作"切换"。

在图片3和4中，这时掩护人B就向篮板方向跑动，准备接收传球。特别是在身材高的选手作为掩护人的情况下，面对相对身材矮小的对方防守，可以利用身高上的不均等。

① B作为掩护不动，持球人A运球

② 防守D切换盯人

③ 掩护人向篮板下方移动，并同时做好接收传球的准备

④ B接收持球人A的传球，投球

Point

有类似于设置掩护后又向篮板方向跑动的"潜入"的打法。就是紧贴B设置掩护之前，向篮板下跑动。这叫作"滑移"。这会使想要应对掩护打法的防守队员大吃一惊。

外侧的中锋掩护后弹出到底线

- ∿∿∿▶ 运球
- ┄┄▶ 传球
- ──▶ 人的移动方向
- ● 进攻
- ▼ 防守
- ⊕ 球
- ★ 投球

针对持球人有两人进行对应时

在挡拆战术中，通过掩护人向外侧移动，可以制造投三分球的机会。

在下页图片1、2和3中，当B设置掩护后，针对持球人A 有两名防守者进行对应。

在图片4和5中，趁着这一空隙，掩护人B 向外侧移动，准备接收传球。这一动作叫作"中锋掩护后弹出到底线"。另一方面，两人共同防守的情况叫作"双人队伍"或者"陷阱"。要做好防守，需要施压到对方无法传球才可以。

① 作为掩护人的B开始动作

② 针对使用者A的运球，紧盯掩护人的防守D也去防守A

③ 2名防守者靠近A

④ 掩护人为能够投球而向外侧移动

⑤ 有可能能投出三分球

Point

要让掩护打法成功，关键是使用者与掩护人之间动作时机的配合。就像喷头喷水一样，动作的配合要一气呵成。

掩护的重置

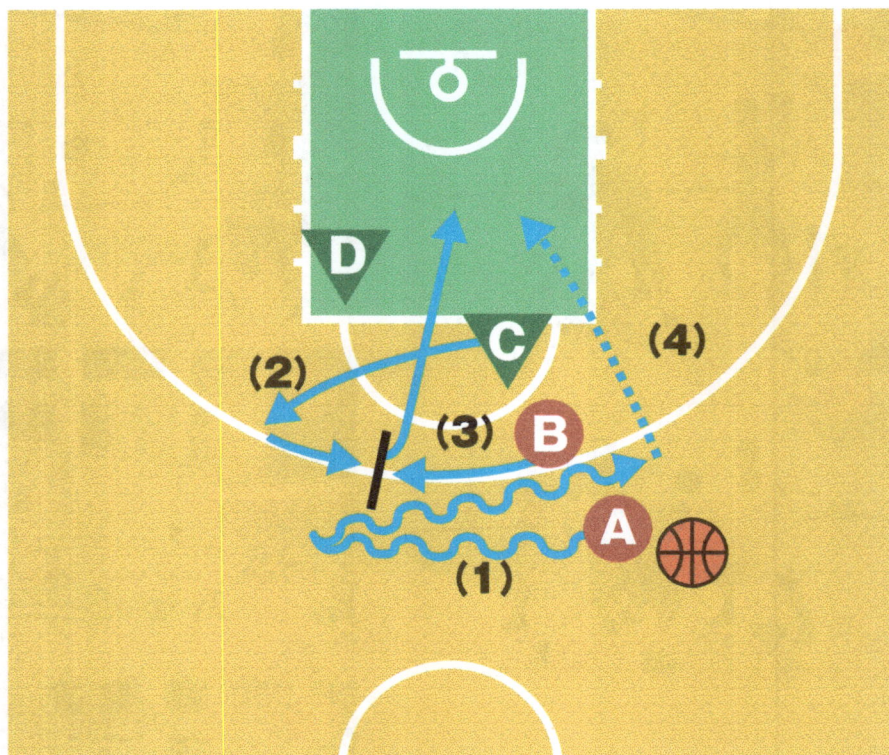

〰〰➤ 运球	● 进攻	⊕ 球
┅┅➤ 传球	▼ 防守	
━━➤ 人的移动方向		

当使用者通过之后，重新设置掩护

　　掩护打法中，设置下掩护之后就不可以再动了。如果掩护人动了且妨碍了防守者的动作，就是"移动单挡"，构成了进攻方的犯规。但是当使用者错身经过了掩护人之后，可以重新设置掩护，这叫作"重置"。

　　在下页图片1、2和3中，使用者想利用掩护，但是防守C继续紧盯。

　　在图片4和5中，掩护人B再次靠近防守C并设置掩护

　　在图片6和7中，盯住掩护人的防守B也去防守使用者时，B就可以跑入篮板下。

1 B设置掩护，持球人A运球

2 防守C从掩护者的另一侧移动

3 防守C继续紧盯持球人A

4 掩护B向防守C的方向移动

5 B再次设置掩护

6 紧盯掩护人的防守D切换盯人目标

7 掩护人B跑入篮板下接收传球

P oint

紧盯使用者A 的防守C在掩护者的另一侧移动后继续紧盯A 的方式叫作"穿出防守"。这时本页中介绍的重置就可以得到有效的活用。

掩护人成为持球人

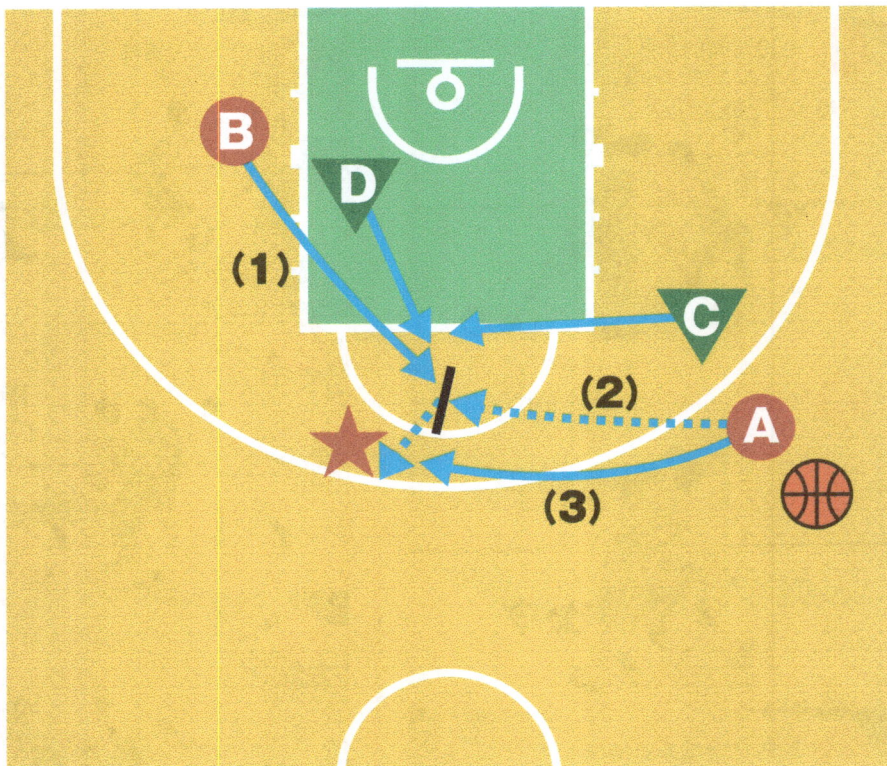

虚线箭头：运球　　红色圆：进攻　　篮球：球
实线箭头：人的移动方向　　绿色三角：防守　　星形：投球

将球直接用两手传给朝自己跑过来的使用者

在挡拆战术中，使用掩护的选手是持球人。与之相反的，掩护人成为持球人并且使用通过两手直接交接球的传球方式的打法叫作"手递手传球"。

在下页图片1、2和3中，B向着想要设置掩护的位置移动，持球人A将球传球给B，同时向B的方向跑入。在图片4和5中，既是掩护人又是持球人的B，将球通过两手直接交接给跑过来的使用者A。这种打法叫作"手递手传球"。

使用手传将球传给A之后的掩护人B，通过对使用者的防守人C的阻碍，给使用者A创造投球的机会。由于是传球并且跑动的战术，所以也可以归类到"跑传"中。

1 在翼侧形成了1对1的情况，掩护人B开始行动

2 持球人A将球传给掩护人B

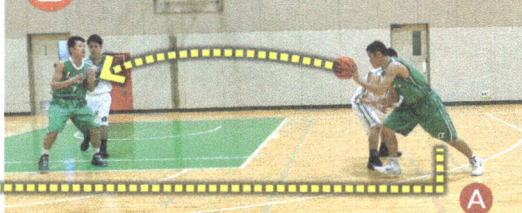

3 使用者A接近既是掩护人又是持球人的B

4 A从B处接收手递手传球

5 由于防守C被掩护者拦下，A就有了投球的机会

P oint

把为传球而迈出的一步也作为开始跑动的第一步，可以摆脱防守者的盯人。

P oint

通过手直接传球时，基本原则是两手切实传球。不要让防守人员接触到球。

使用者在运球方面下功夫

〰〰➤ 运球	● 进攻	⊕ 球
┈┈➤ 传球	▼ 防守	★ 投球
➤ 人的移动方向		

穿越两人的中间、向篮框移动的箭步运球

在手递手传球中，即使接到了传球，也会出现防守者没有被拦下，导致无法投球的情况。在这种情况下，可通过运球打开进攻的突破口。

在下页图片1、2和3中，使用者的防守队员C没有被掩护人拦住，而是继续对A进行盯人，而且掩护人的防守队员D也进入了路线之内，导致无法投球。

在图片4和5中，当两名防守队员之间有空间时，可以使用在第70页介绍过的穿越两人之间的方法，向篮框"箭步运球"。注意使用从高位迅速向低位转换、制造高低差的运球方式。

P oint

当无法使用穿越两人中间的箭步传球时，也可以运球后退。这叫作"后退步"。在这期间，掩护人在篮筐下找到位置，可以创造出投球机会。

1 使用者A向着掩护人B的方向跑入

2 A从B接收手递手传球

3 防守D的意识转移到了持球人A身上

4 掩护人的防守D进到运球的路线进行阻止

5 持球人A通过运球穿过两名防守者的中间

掩护人积极瞄准投球

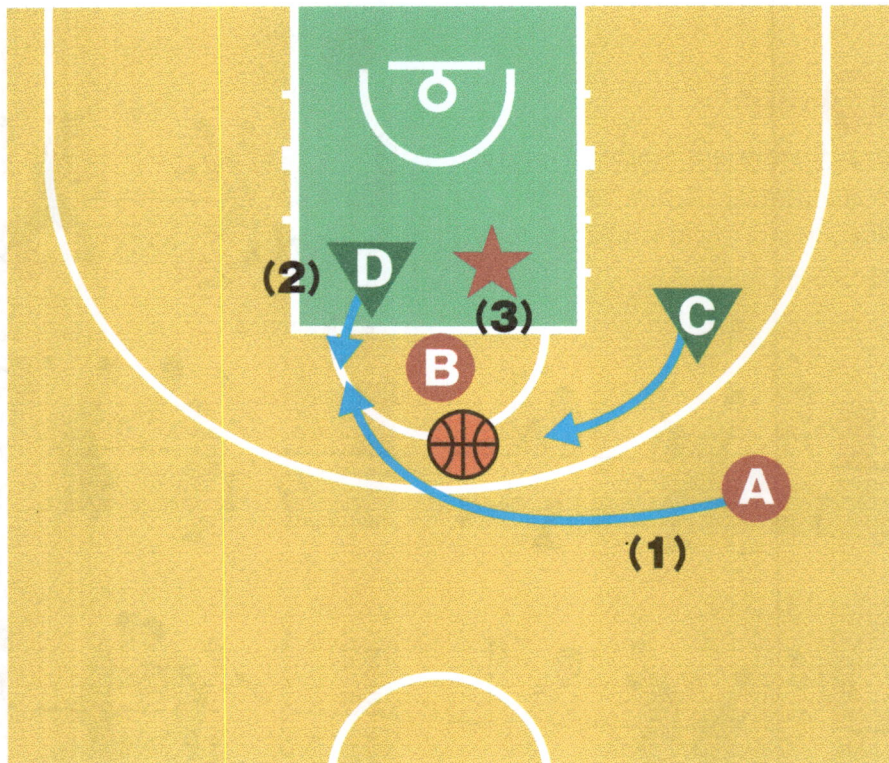

人的移动方向　　　　进攻　　　　　球

防守　　　　　投球

在防守者没有被掩护者拦下而继续盯人的情况下

在手递手传球中，即使不使用掩护打法，也会有防守队员过来防守。也需要准备在这种情况下可以使用的打法。

在下页图片 1、2 和 3 中，使用者 A 的防守者没有被掩护者拦下，而是继续对 A 进行紧盯防守，这种应对掩护的防守方法叫作"抢过破掩护配合"，这是一种非常理想的防守方式。现实情况中，这种防守会造成障碍，使手递手传球无法成功。在图片 4 中，如果防守 D 被使用者 A 的动作所吸引带动，这时对于掩护人 B 来说就会产生机会，从设置掩护的状态中迅速地转换成正面面对篮框，然后准备投篮。

① 使用者 A 将球传给掩护人 B

Point

防守者跟在侧面（夹着掩护人的另一侧）时，掩护人向着篮板方向运球的打法可以得到有效的活用。

② A 向着 B 的方向跑入，但是防守 C 仍然盯着 A

③ 利用挤过配合进行防守的防守 C 形成障碍，导致手递手传球无法成功

④ 当掩护人的防守者 D 也被 A 的动作带动时，掩护人 B 投球

胸前传球和快速胸前传球

在构建了与队友的团队合作打法之后，重要的就是传球的练习。特别是刚刚开始打篮球的选手，从自己的胸部位置通过目测将球传到对方的胸部位置的"胸前传球"是传球技术的基础。从这种练习开始，一步一步在有实战意识的情况下向上继续发展。

例如，胸前传球的基础就是松手后手腕坚定地伸出（下一页/右侧的图片）。但是，为了能够使传球的速度更快，在有的情况下两手手腕迅速收回到身体内侧的动作也许更加容易。

当需要做出长距离的胸前传球时，像基础练习时一样，手腕要牢固地伸出；如果是 5 米左右的短距离的话，可以活用这个快速胸前传球。

向对面传球的基础练习是非常重要的。当成是实战进行练习。

快速胸前传球

胸前传球的基础

瞄准传球的位置。

将球持于胸前，摆好姿势。

一只脚向前伸一步，
甩腕，传球。

甩腕，传球。

两手手腕向身体内侧
收回。

两手手腕牢固伸出，在球
上加上反向回转力。

试着边意识到要将两
手收回边快速传球。

反弹传球和单手推球传球

除了胸前传球之外还有很多传球方式，但在比赛中经常使用的是两种单手做出的传球：使接球方很容易掌握接球时机的"反弹传球"和从脸的侧面传出的"单手推球传球"。这两种传球的共同的好处是，可以避开防守者的手。为此，需要练习在交叉步和开步的状态下的单手传球。

在反弹传球中，球在地面反弹的位置应该在传球发出者与接收者距离的三分之二处为好。

反弹传球（开步）

持球一侧的脚（图示为右脚）向外侧迈一步，避开防守。

单手推球传球（开步）

持球一侧的脚（图示为右脚）向外侧迈一步，避开防守。

反弹传球（交叉步）

传球一侧的脚向前交叉迈出，避开防守。

单手推球传球（交叉步）

传球一侧的脚向前交叉迈出，避开防守。

圆周练习

这种练习是运球之后停住，然后迈步向搭档传出反弹传球的练习。这种练习需要两个人同时进行，经过练习可以使练习者彼此想法相通。能够使身体习惯做出传球之后迅速自然地做出接收传球的动作。

从跳停到交叉步

两个人沿着圆形的圆周线，向着同一个方向运球相同次数之后，互相传出反弹传球。首先从两脚同时着地的跳停转换到三重威胁姿势，然后通过交叉步做出传球。

从跨步停到前转

接下来，使用两脚交互着地的跨步停使身体停住，掺入假动作（欺骗对手），接着前转做出传球。将不同的停法与传球方法结合，做出配合练习。

运
球
后
的
正
面
传
球

　　在两侧的翼侧位置各自列一队，其中一边的选手持球。然后，首先运一次球之后将球传给对侧的选手。接下来加入动作，向着篮板的方向运球，向另一侧的队员做出传球。这样可以将防守吸引到内侧后将球传给外侧，从而摆脱防守。这种方法相当于"传出"战术。在实际进行练习的时候需要想象有防守人在的情况。

当场运球后传球

当场运球后向另一侧的选手传球。传球后就直接跑到对侧，站到队伍的尾部排队。

向着篮板方向运球后的传出

向篮板方向运球后将球传给另一侧的选手，然后直接跑到对侧的队伍后尾排队。这种练习中需要在大脑中想象存在防守者。

三角形上篮

接下来介绍可以使自己具备多种跑传技术的练习。首先，在不设置防守的情况下，三个人分别在两翼及弧顶的位置站立。接下来由弧顶位置的选手先将球传给翼侧的选手，传球后向篮板方向跑入，进行"球的侧切"。然后掌握接下来应该有的各种可供选择的打法。

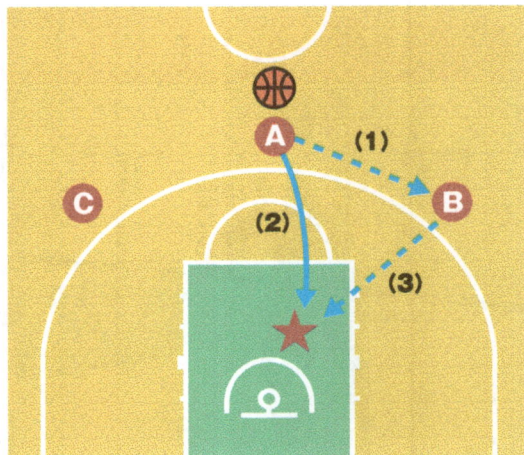

- ┅┅▶ 传球
- ──▶ 人的动向
- ● 进攻
- 球
- ★ 投球

模式❶　球的侧切

在弧顶处的持球人 A 将球传给位于翼侧的 B，接下来向着篮板的方向跑入并接受从 B 传过来的回传，投球。

模式❷

强行过人

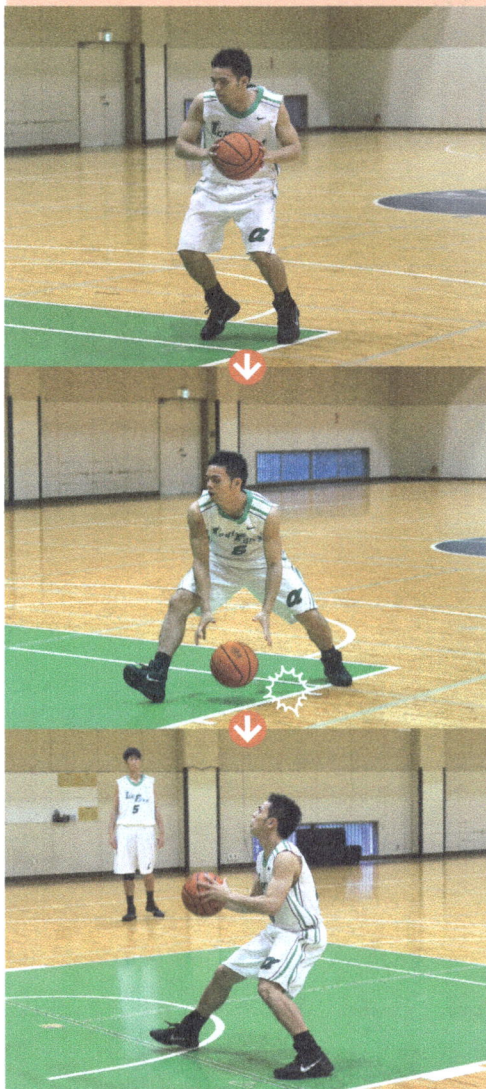

A从B处接收回传球之后立刻运用强行过人时的运球方法（86页）。像这样身体稳定之后可供选择的打法就会增加。

模式❸

配合以后侧传球

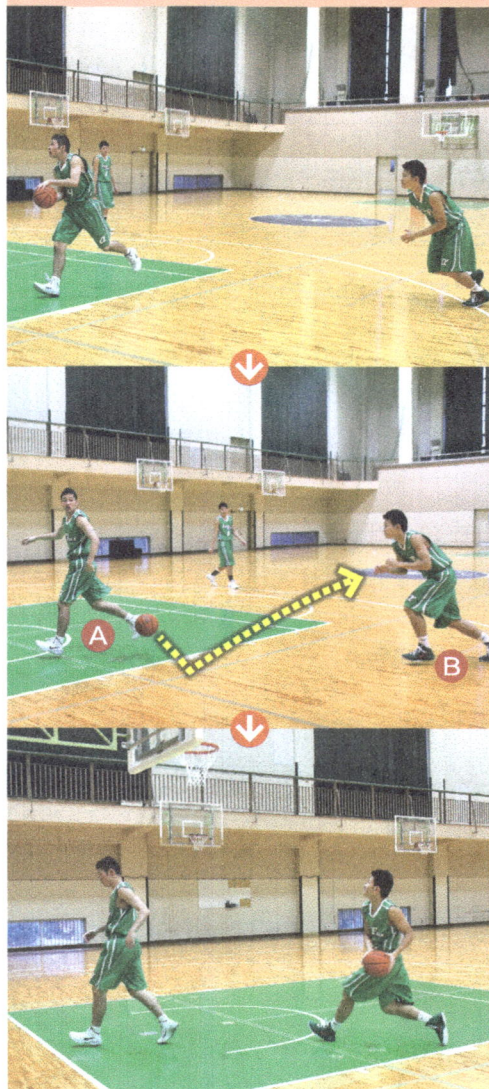

A从B处接收传球后，B也跑入A的方向，从A处接收向后的回传，然后展开进攻。这种方法是在当篮板下有高大的后卫阻拦、A无法投球的状态下使用的打法。

三角形上篮

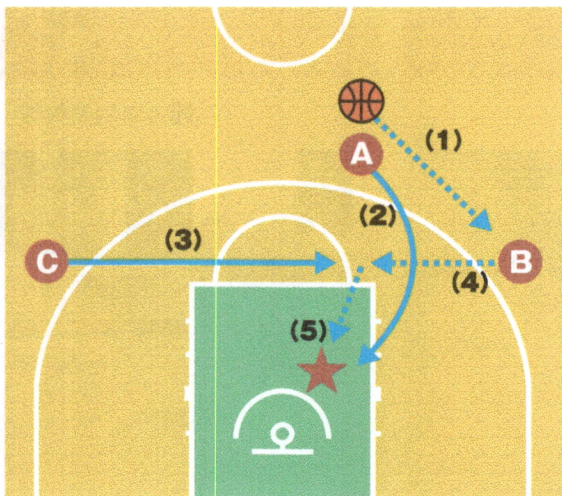

┈┈▶	传球
──▶	人的动向
●	进攻
🏀	球
★	投球

模式④　高低

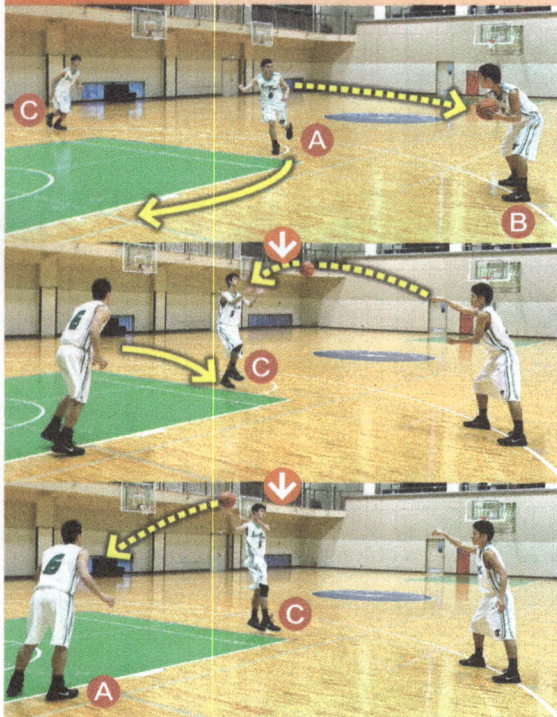

A从弧顶处将球传给翼侧的B，做出球的侧切。

C从另一个翼侧向着高位移动（罚球线的周边区域），然后从B处接收传球。

为了让防守者来不及应对，处于高位的C向处于低位（篮板下的区域）的A进行传球。这就叫作"高低"战术。

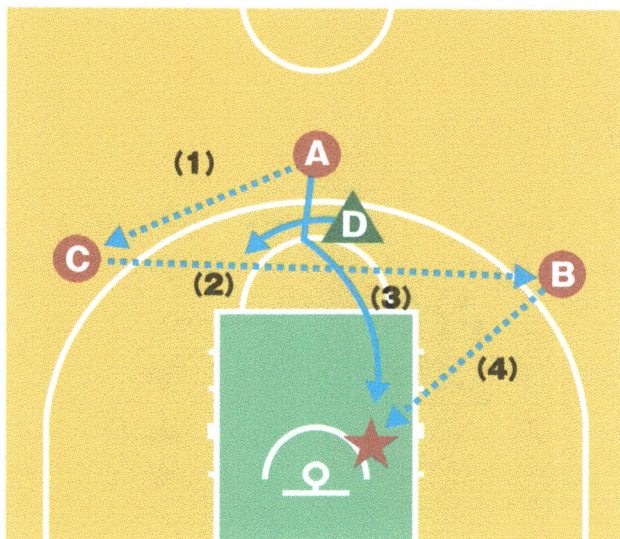

传球

人的动向

进攻

防守

投球

模式⑤　从跳跃传球到切球

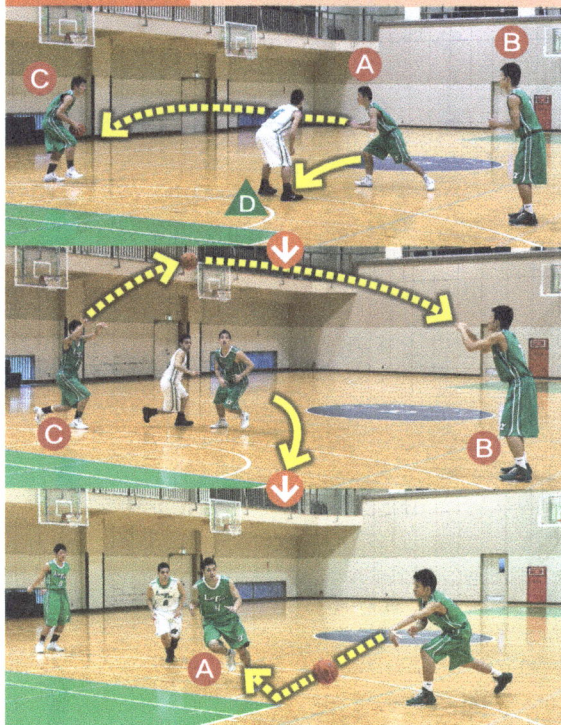

A从弧顶位置向右翼侧的C传球，做出球侧切的样子。

接收传球的C向另一侧翼侧的B传球，同时A也做出反应。

翼侧的B将球传回给A，然后A投球。

三角形上篮

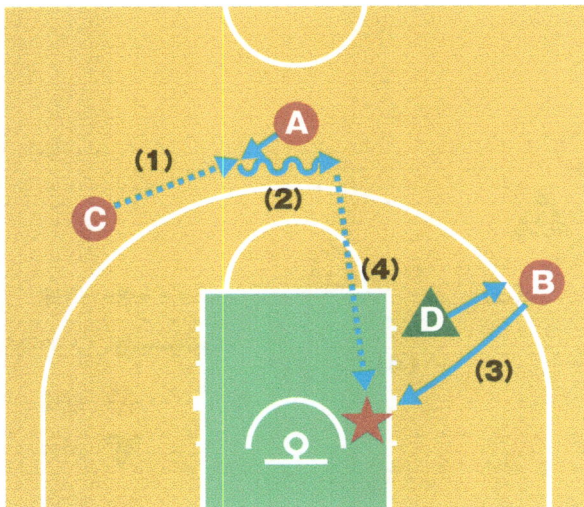

〰〰▶	运球
┅┅▶	传球
──▶	人的动向
⬤	进攻
▲	防守
★	投球

模式❻　后切

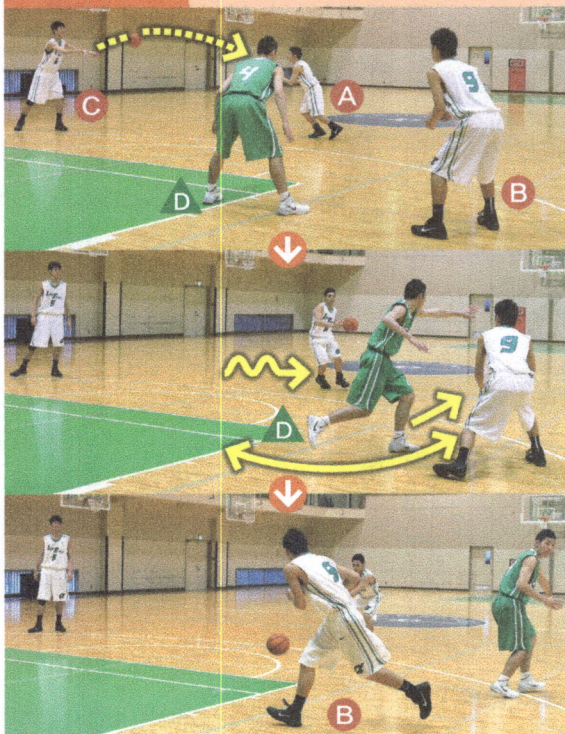

针对要进行投球的B，防守D会对其进行防守，另一侧翼侧的C将球传给位于弧顶位置的A。

接收传球后的A向着B的方向运球接近。为了对应，防守D会过于进入传球路线。

这时B向着里侧的空隙移动，向着篮板切入，制造出投球机会。

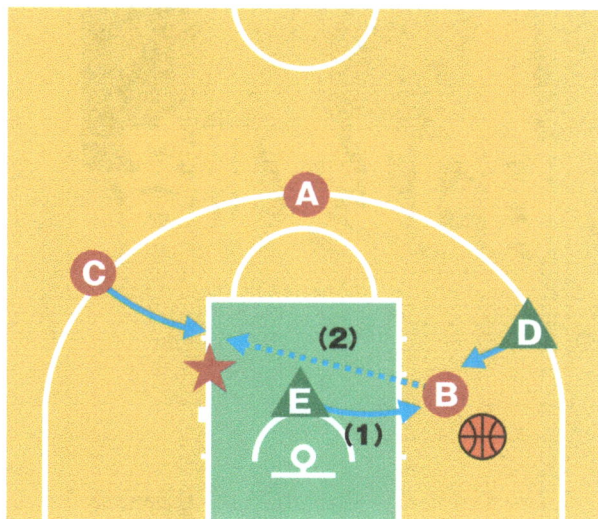

传球	
人的动向	
进攻	
防守	
投球	

模式7　配合晃过辅助的防守队员

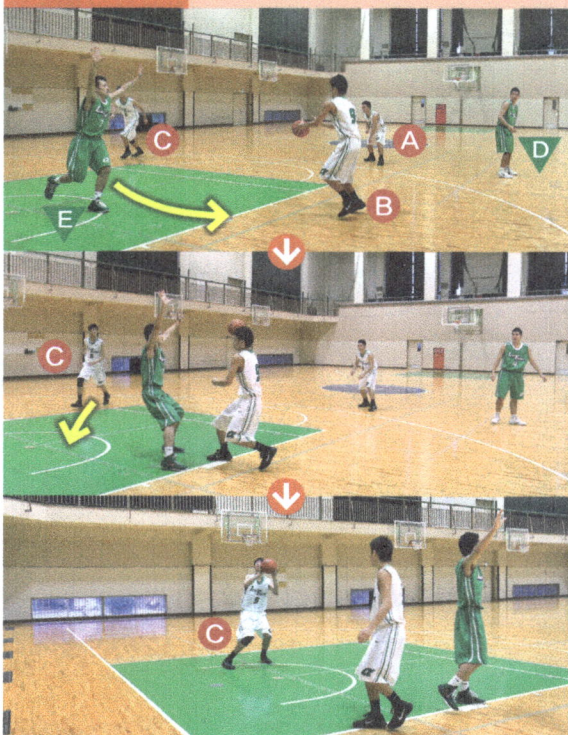

当以为B有投球机会要进行投球时，辅助防守E也会靠近过来。

预想到持球人会被施压，另一侧翼侧的C也向篮板的方向跑入，准备接收传球。

这种三人之间互相想法相同、共同合力计划着传球战术，之后完成"三角形的带球上篮"。

第6章

3对3的攻略

篮球是以5对5的形式进行的团队运动项目。构成5人团队合作的基础是3人的位置选取和移动方式。这在进攻和防守两方面都适用。也就是说，具备"3对3"的战术与提高团队合作是息息相关的。除了一般的5对5的比赛形式之外，还出现了3人对3人的"三对三"篮球国际比赛。接下来我们介绍在这两种比赛形式中都适用的战术。

将团队进攻作为武器

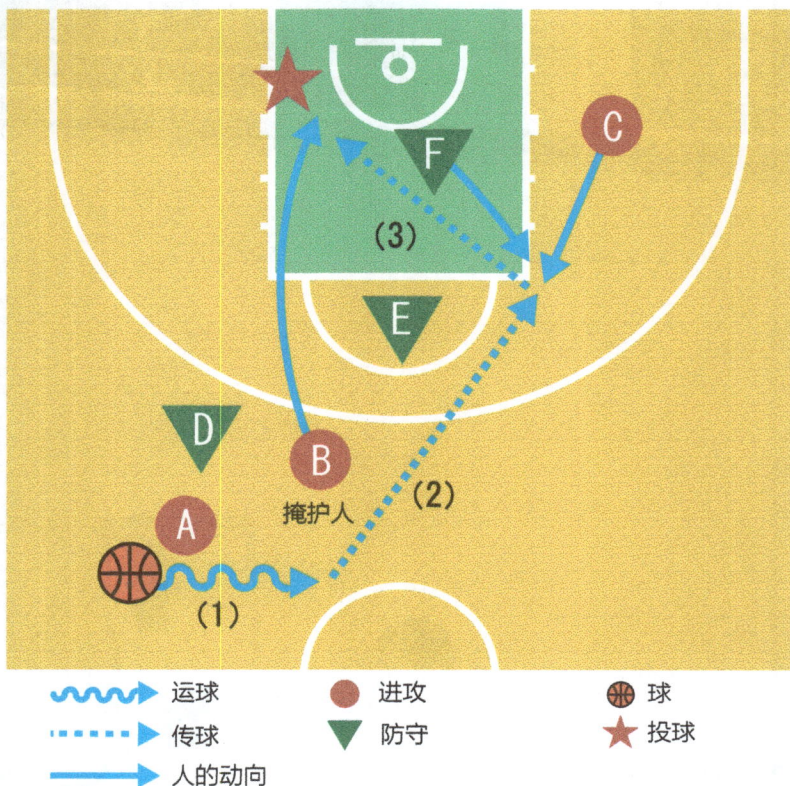

〜〜〜► 运球	● 进攻	球
·····► 传球	▼ 防守	★ 投球
──► 人的动向		

从1对1、2对2以及3对3的组合来看5对5的比赛

　　虽然篮球是5对5的比赛，但是也可以说是由1对1、2对2和3对3的组合来形成的。

　　请看图片。这是在上一章中介绍过的2对2中使用的带球上篮（114页）中加入第三人的选手，进入传球战术的打法。像这样，在2对2的组合对峙中出现了空隙，第三名选手加入比赛，自然地开始了3对3的比赛。

　　除此之外，还有当持球人正处于1对1的状态时，没有持球的另外两名队员与对方队员形成2对2的状态，制造出无盯人状态的3对3的形式也是存在的。通过掌握这类方法，就可以打好5人团队战。

① B为了设置掩护而开始移动

② 持球人A使用B的掩护

③ 在B所处的空隙中，C开始移动

④ C在高位（三分线附近的区域）处接收从A处传来的球

⑤ 紧接着，C将球传给跑入篮下的B，由B进行投球

Point

从掩护打法的局面开始，相当于"带球上篮方式中的潜入"。从高位向低位传球的打法叫作"高低"。上面介绍的打法是这两种战术的结合。

防守被掩护人挡住的情况下

┈┈▶ 传球	🔴 进攻	⊕ 球
──▶ 人的动向	🔻 防守	★ 投球

当使用者和掩护人都没有持球的情况

　　上一章介绍过的掩护打法，是使用者和掩护人的其中一方持球的情形。接下来要介绍的掩护打法，是使用者和掩护人都没有持球的掩护打法；同时还存在持球人处于 1 对 1 的状态，将这两种状态组合起来的 3 对 3 的情形。

　　其中，掩护人面向篮板的方向站立而使用者跑到外侧的打法叫作"下挡"。防守使用者的防守 F 由于被掩护人 B 挡住，使用者在外侧形成无人盯守的状态，所以可以投球。这种"纵切"无法使用的状况将在下一页进行介绍。

1 A在弧顶持球，B设置掩护

2 C使用掩护跑到外侧

3 防守着C的防守F被掩护人挡下

4 由于C处于无人防守的状态，所以可以做出投球动作

Point

与带球上篮（112页）一样，在没有持球的掩护打法中，掩护人也可以用身体正面强力挡下防守队员。

当防守人从后面跟上来时

┄┄▶ 传球	● 进攻　⊕ 球
──▶ 人的动向	▼ 防守　★ 投球

确认紧盯着自己的对方队员如何应对

防守者没有被掩护人挡住，而是绕过掩护人继续紧迫盯人的防守，叫作"抢过破掩护配合"。当防守人没有被挡下而是紧跟在使用者之后时，使用者在外侧接收传球的话就有被拦截的危险。这时"卷切"的动作可以得到应用。

在下页图片1和2中，使用者C在把握掩护人B和持球人A的情况时，同时确认紧盯自己的防守F对自己采取了怎样的盯人防守方法。

在图片3和4中，由于防守F紧跟在身后，所以C以掩护为中心跑动，以避开防守F的盯人。

1 A在弧顶持球，B设置掩护

2 C使用掩护，想要跑到外侧，但是防守F紧跟在身后

3 C绕着掩护人B跑动，使防守F被掩护人挡下

4 由于C处于无人防守的状态，可以做出投球动作

Point

当防守者没有被掩护人挡下，而绕过之后继续盯人，叫作"抢过破掩护配合"，其中，紧跟在使用者身后的牢固的防守叫作"追击"。将这种防守引到没有球的地方与之周旋，有效地使用掩护打法。

传球　　　进攻　　　球
人的动向　　防守　　　投球

为了远离防守者向着底角的方向跑

　　也有的防守队员可以提前看出使用者想要在外侧接收传球或者利用卷切制造投球机会的意图。也就是说，防守者会为了提前进入使用者的路线内，而从掩护人的另一侧移动到翼侧进行对应。为了远离防守者，向着近底角或者底角的方向弧形移动的"横切"技术可以得到有效利用。

　　在下页图片1和2中，由于防守F提前绕了过去，使用者C脚用力蹬地，转换方向。

　　在图片3和4中，接下来使用者C向持球人A示意，要求近底角或底角处的传球。

1 A在弧顶持球，B设置掩护

2 即住使用者C的防守F向着掩护人B的另一侧移动

3 使用者C为了远离防守F，向着底角的方向移动

4 在近底角处的C接收从A处传来的传球，进行投球

Point

掩护人B改变掩护的角度是一个关键点。当使用者C想要跑到外侧时，身体会面向篮板的方向。接着当发现C选择了横切时，立刻收回脚（图示为左脚），用身体的正面挡住防守F。但是注意不要造成进攻侧的犯规"走步"。重要的是在使用者通过之后再重新设置。

在防守者的背后设置

| 传球 | 进攻 | 球 |
| 人的动向 | 防守 | 投球 |

可以感知防守者的想法，及时且有效

　　从防守者的背后开始设置掩护的打法叫作"背挡"。下挡主要的目的是让使用者可以跑到外侧并让使用者可以处于无人紧盯的状态。而背挡则可以在内侧有效地制造出投球的机会。

　　在下页图片1、2和3中，在对防守E设置背挡时，如果是在E可以预测的时机设置的话，是无法挡住他的。因此，C跑到高位试图接收传球，之后向E的背后移动。这样可以出乎防守E的意料之外。

　　在图片4、5和6中，使用者B向篮筐下跑动，接收传球后不通过运球直接投球。这要求队员在练习时就要掌握这种连贯动作。

1 翼侧的A持球，其他两名进攻队员，一名在弧顶处，另一名在另一侧的低位处

2 C试图接收传球，从低位向球侧接近，但是被防守F压制

3 C为了设置背挡，向弧顶的方向移动

4 C设置背挡，B成为使用者

5 B利用掩护人C，摆脱防守E的盯人状态，向着篮板方向跑入

6 篮板下的B从翼侧的A处接收传球并直接投球

Ⓟoint

跑入篮板下的使用者跳起接收传球并且直接投球得分的打法，可以提高队伍的士气。当队伍中有选手可以灌篮时，可以尝试在空中接收传球后直接灌篮得分的"空中接力"。

向篮板跑入的团队进攻的基础

▪▪▪▶ 传球	● 进攻	⊕ 球
──▶ 人的动向	▼ 防守	★ 投球

最大限度地活用处于弧顶位置的使用者的得分能力

　　3对3战术的基础就是团队进攻。美国名校UCLA（加利福尼亚大学洛杉矶分校）所擅长的技术就叫作"UCLA空切"。

　　下页图片1、2和3中，在移动方法上，是边利用背挡边利用3人团队来向球所在一侧切入。

　　在图片4和5中，这种进攻最大的优点在于可以充分活用处于弧顶的使用者A的得分能力。特别是当A的身高比防守队员要高，或者在内侧具有优势的情况下，更能有效地使用。在图片中虽然表现出的是边跑动边投球的方式，但是即使是停下来了也可以通过1对1来进攻。

1 当处于侧翼的C向处于弧顶处的A传出传球的情况下

2 B从低位开始移动，设置背挡

3 A利用掩护人B，向球所在的方向切入

4 防守A的防守队员D被掩护人挡下

5 处于无人盯守状态的A从C处接收传球并投球

P oint

当紧盯使用者A的防守D进入到UCLA空切的路线中时，不要向着球所在的方向而是向着篮板方向跑入，这样也许也会制造出投球机会。

在UCLA空切之后展开内外转换

┄┄▶ 传球	🔴 进攻	🏀 球
──▶ 人的动向	🔻 防守	⭐ 投球

吸引两名防守队员，活用处于外侧的选手

在通过UCLA空切在内侧接收传球时，掩护人的防守者也会过来进行辅助防守。在这种情况下，针对持球后卫，对手在多数情况下会利用高大的中锋来进行辅助防守，这时很难进行投球。这时再次由UCLA空切开始展开进攻。

在下页图片1、2和3中，针对在内侧接收了传球的A，不仅仅是掩护人的防守E，防守D也紧迫盯人的情况下，肯定会有队员处于无人防守的状态，这时要仔细观察周围。

在图片4和5中，掩护人B通过掩护后弹出到底线，可以远离防守，产生投球机会。

1 防守D被掩护人挡下，A使用UCLA空切

2 针对从C处接收了传球的A，防守E也对A进行辅助防守

3 接收了传球的A吸引住防守E和D

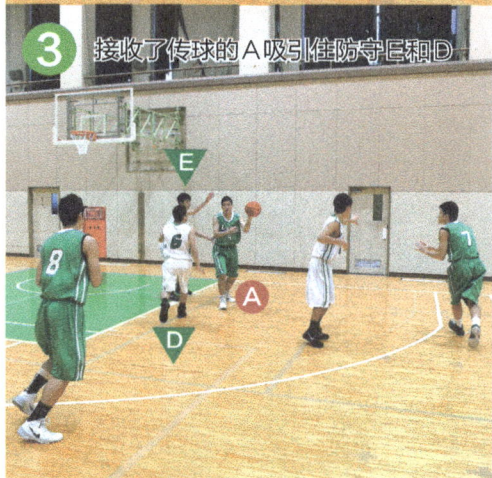

4 在设置了背挡之后，掩护后弹出到底线的B在外侧处于无人防守的状态

5 处于内侧的A向处于外侧的B进行传球，B接收传球后投球

Point

即使在使用了UCLA空切后无法直接投球，像这样通过对内侧的进攻使防守者的意识集中在内侧，然后再在外侧进行进攻的"内外转换"，可以使团队进攻平衡且使防守者手足无措。

将对方中锋引出，置于内侧

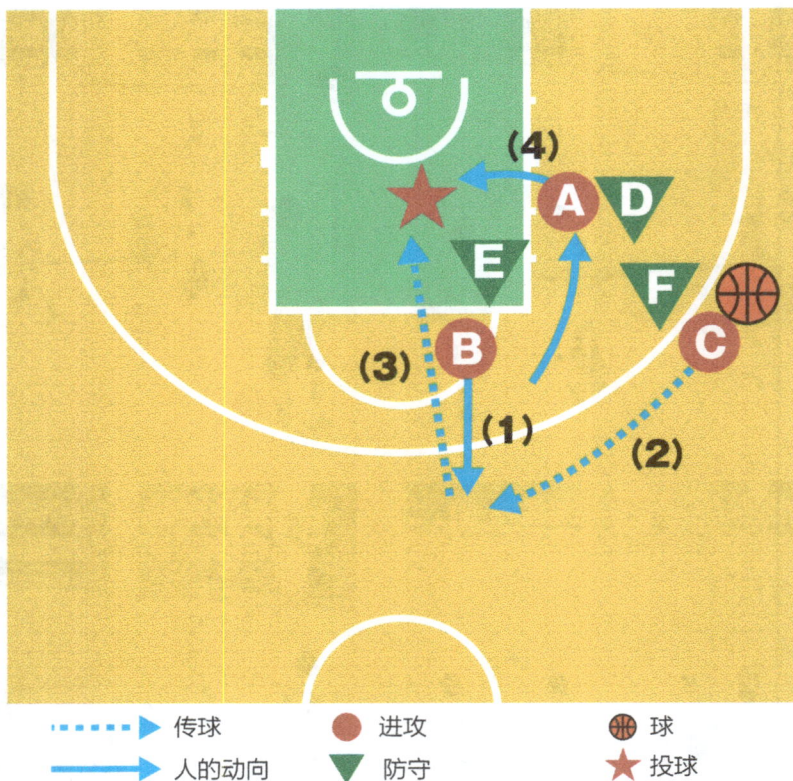

▸▸▸ 传球	● 进攻	⊕ 球
→ 人的动向	▼ 防守	★ 投球

向在内侧进行 1 对 1 且处于优势的队员传球

由高位（三分线附近的区域）到低位（篮板附近的区域）传球进行进攻的打法叫作"高低"。在无法向使用了 UCLA 空切的选手进行传球时，可以使用这种高低转换的方式。

在下页图片 1 和 2 中，在高位设置了背挡的掩护人 B 接收传球。图片中，在这之后进行掩护后弹出到外线，所以 B 跑到了三分线的外侧。从高位开始的进攻也可以使用同样的方法。

在图片 3、4 和 5 中，B 可以在外侧进行 1 对 1，但是在内侧的 A 处于 1 对 1 的优势，所以向 A 传球。

1 针对A向球所在方向的切入，防守D试图通过低位突破来对应

2 由于防守D进入了向A的传球线路，所以C向着已经弹出外线的B进行传球

3 在外侧，B处于防守E的紧盯状态下，在内侧，A做出了低位单打姿势

4 A一只手示意要求传球，另一只手与防守D进行接触

5 这是可以活用处于内侧的A的得分能力的打法

P oint

针对从翼侧突入进入到传球路线的防守D，A为了阻止他在靠近篮板的一侧找到位置进行防守，要紧紧锁住D。接下来示意目标手，为切实接到传球做准备。

进入防守内侧区域

传球 … 进攻 … 球

人的动向 … 防守 … 投球

针对跑入背后的队员进行向后的反弹传球

不要从弧顶向翼侧传球，而要向高位移动的选手进行传球，这种方法相当于UCLA空切的位置打法。

下页图片1和2中，是处于低位的B向高位移动后接受传球的进攻方法。接下来可以开展B的1对1打法。

在图片3、4和5中，处于翼侧的C跑入B空出的内侧的位置。B在接收传球后不要改变姿势，而要向着从背后跑入的C进行向后的反弹传球。通过一次弹地，使C更容易接收传球。

这种华丽的团队打法如果成功进球得分，会大大提高团队的士气。

1 当A无法向C传球时

2 B在高位处接收传球

P oint

当处于高位的B无法从A处接收传球时，根据C跑入的时机，从A处直接接收传球的方式也是有的。甚至可以挑战在空中接收传球并直接进球得分的杂技般的动作。

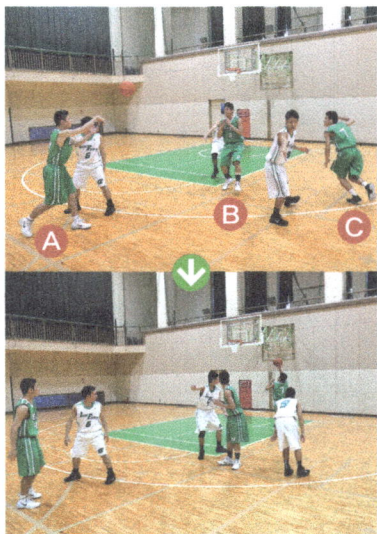

3 配合着A向B传球的时机，C跑入内侧区域

4 C切实接收从B处传来的反弹传球

5 如果处于无人盯守的状态，就可以直接带球上篮得分

161

通过进攻反侧来牵制防守

　　当与对手相比己方在数量上处于有利状况，叫作"数量优势"。在通过防守夺过对方的球之后，或者在确保了防守反攻之后要进行快速进攻的情况下，如何能够制造数量优势是决定进攻成功与否的关键。为此，在我所带领的队伍中，每天都要分出相当多的时间来练习占据数量优势的打法。

　　首先先假定3对2的情况，通过最初持球的 A 的反应来制造2对1的状况。接下来从A处接收传球的B，根据B的反应来制造1对0的情况。也就是说，制造出没有防守盯人的状态，然后切实地进球得分。

　　在这一页先介绍第一种模式的流程，下一页再就怎样成功地取得数量优势进行说明。

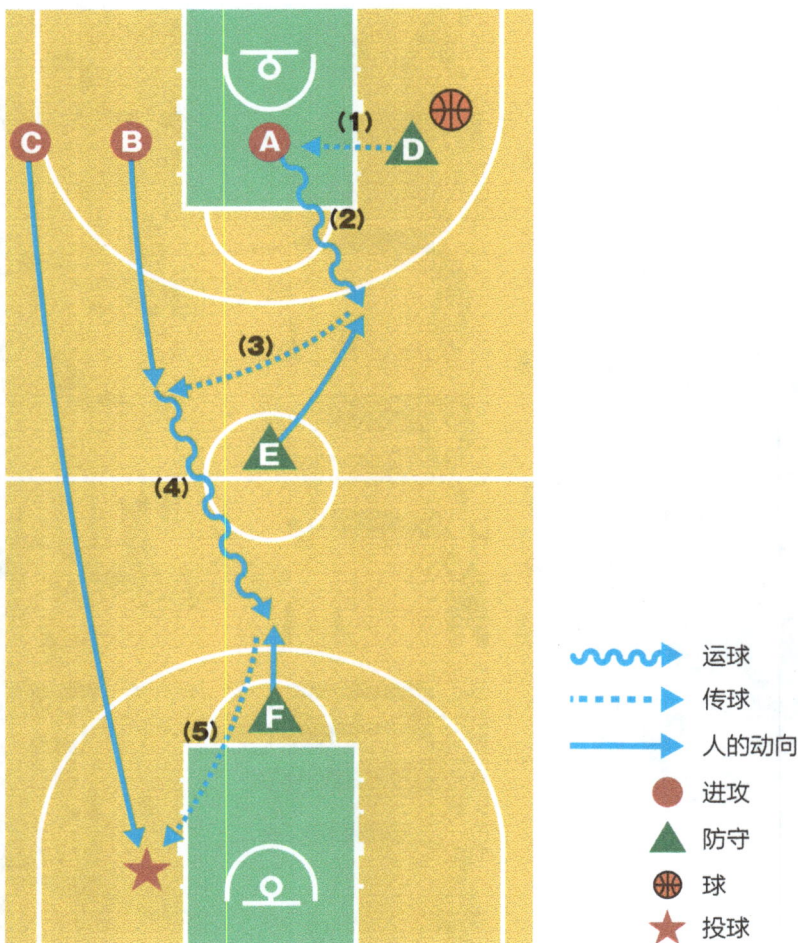

～～～➤	运球
- - - ➤	传球
—➤	人的动向
●	进攻
▲	防守
⊛	球
★	投球

1 进攻方在一边的翼侧排列了3名队员，防守的3人则纵向选取位置

2 防守的D向进攻方的A传球后形成3对2，设定数量优势的形式

3 A为了能够向B传球，边向反方向运球边吸引防守E的注意，进行牵制

4 通过A向B传球，造成2对1的情形

5 B为了能够向C传球，仔细选择运球的路径并牵制防守F

6 接收了传球的C在没有防守的情况下，也就是在"1对0"的情况下，有了投球机会

向着防守重心的反方向传球

　　选取上一页介绍的数量优势练习1中，持球人A向B传球这一部分来进行说明。

　　持球人A通过向远离B的方向，即反方向运球来使防守E的重心倾斜，可以充分达到牵制防守E的目的。通过在这种状态下做出传球，防守E就无法接近球了。也就是说，接收了传球的B是在有数量优势的状态下再次开展进攻的。

　　反过来，如果不牵制防守而是好不容易想办法传球成功了，这种情况下很容易被防守E做出反应，而无法形成数量优势的状态。（如NG图所示）

持球人A向着防守E的方向运球的话，防守者的身体重心就不会倾斜，无法充分地达到牵制的目的。也就是说，当A向B传球的时候，防守者对两人形成压制。

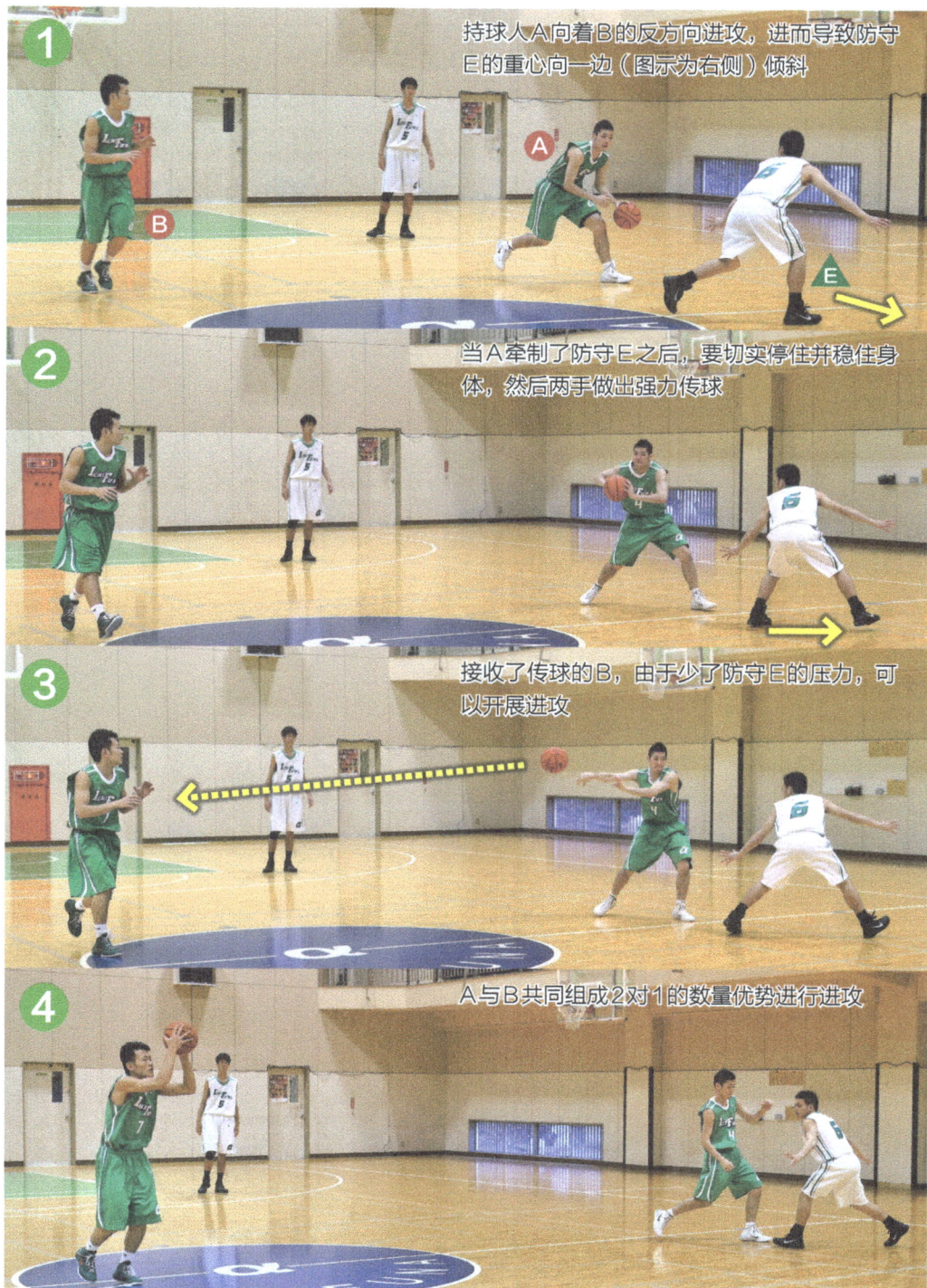

1 持球人A向着B的反方向进攻，进而导致防守E的重心向一边（图示为右侧）倾斜

2 当A牵制了防守E之后，要切实停住并稳住身体，然后两手做出强力传球

3 接收了传球的B，由于少了防守E的压力，可以开展进攻

4 A与B共同组成2对1的数量优势进行进攻

Z字型进攻的数量优势打法

在具有数量优势情况下的第二种进攻模式的关键点是"Z字型"。向着防守者预测到的方向运球或者仅仅通过传球来控制比赛节奏很容易被对方拦截下来。这时，为了让防守者无法进行预测，要向锯齿的Z字型一样移动来进行进攻。

在这一页介绍这种方式，下一页再详细地介绍使这种数量优势打法成功的关键点。

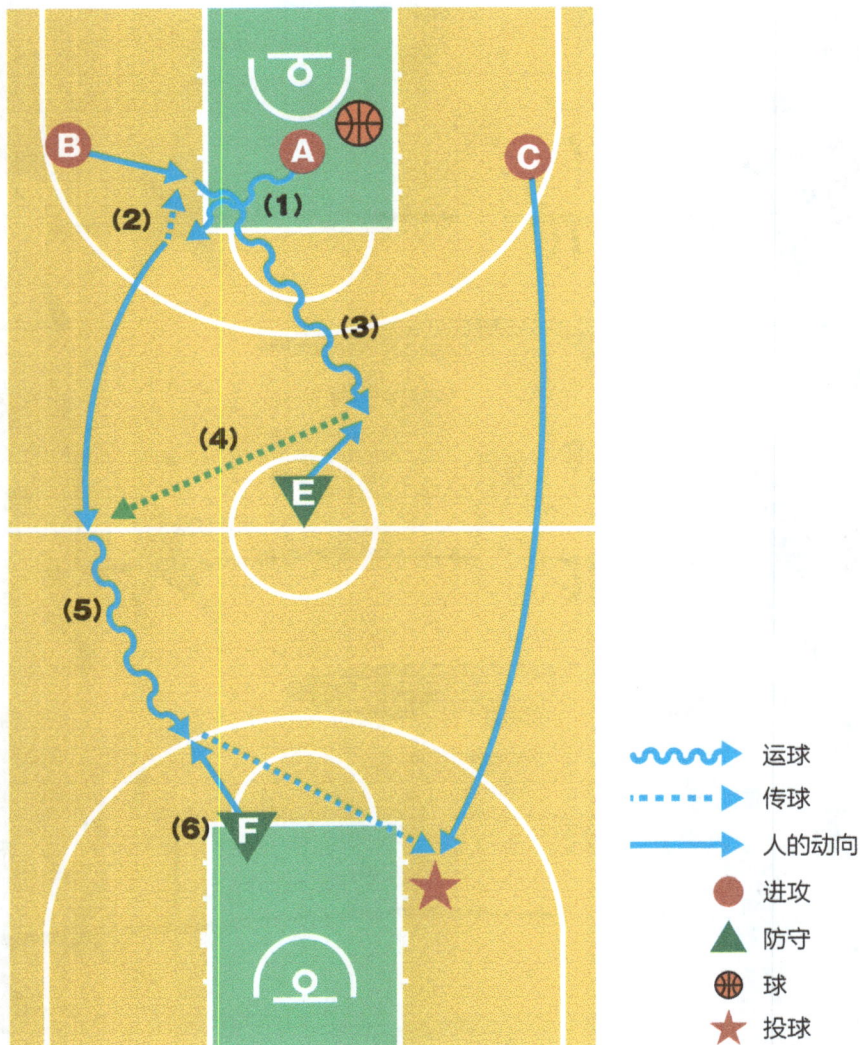

∿∿▶	运球
┅┅▶	传球
──▶	人的动向
●	进攻
▲	防守
球	球
★	投球

1 进攻方在一边的翼侧排列3名队员，防守2人则纵向选取位置

2 向着翼侧运球的A对从翼侧跑过来的B进行短传

3 接收了传球的B在确认了一次C的动作之后，改变身体的朝向

4 B通过向着防守E的反侧运球之后将球反传回给A

5 接收了传球的A与C一起，与防守F形成2对1的状态

6 持球人A在充分吸引了防守F的注意力之后将球传给C

7 C在没有防守的情况下带球上篮

将球进行Z字型移动

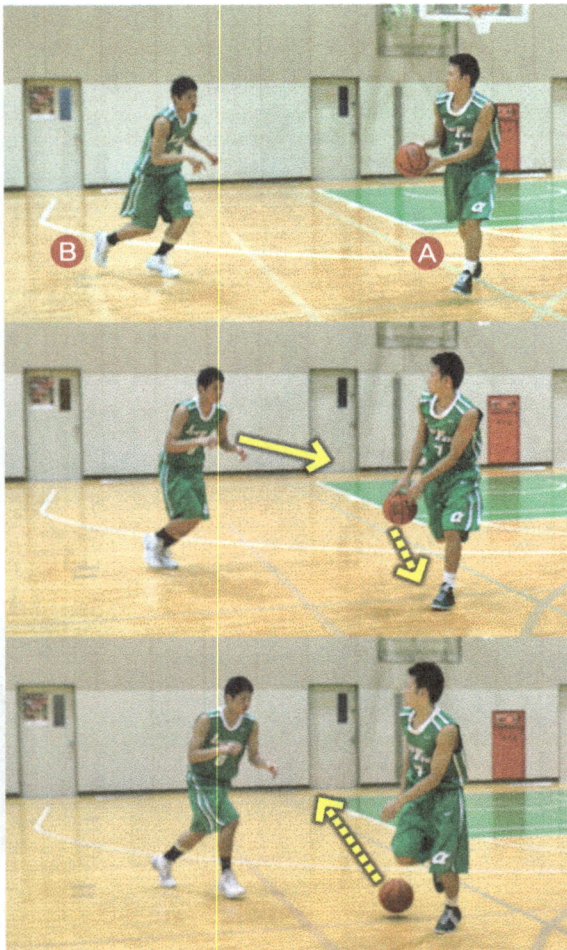

①

在翼侧的B与A进行交叉式跑入。

②

A确认B的动作。

③

A对着B做出向后的反弹传球。

我们来回顾一下上一页中介绍的数量优势练习2中的，持球人A向B传球的场景吧。

首先在翼侧运球的A和B通过传球改变球的走向，可以摆脱防守。如图所示的向后的反弹传球可以得到有效地利用。

最大的关键点是接下来。在像B这样接收了传球的情况下，很多选手会直接就着跑的方向进行传球。这对于防守者来说很容易防守。这样就无法制造数量优势的形式。因此，将球沿着Z字形移动是非常重要的。

④

防守E想要对接收了传球的B
进行防守。

⑤

B改变身体的朝向，确认A的
动作。

⑥

在没有被防守的情况下，A接
收从B传来的传球，利用数
量优势来展开进攻。

NG

1

2

B在从A处接收传球之后，沿着
跑的方向，向C传球的话，防守
者就不必改变身体的重心，直接
可以进行对应处理。也就是说这
样很难制造数量上的优势。

第7章

具备使进攻方厌恶的防守能力

　　不仅仅是一味的得分，压制对方的攻击，从而达到最少失分也是通向胜利的捷径。为了能够顽强地应对到目前为止介绍的"1对1""2对2""3对3"的进攻方式，也要具备防守的基础能力。虽然将对方压制到零得分是不太可能的，通过使对方投球不顺利，也可以降低对方投球的成功率，同时也可以制造己方的进攻机会。

手部动作和基础姿势

膝盖
适度弯曲，采取较低的身体姿势，同时动作要保持身体处于随时可以动起来的状态

不仅简单而且不会被夺球

　　防守封锁对方进攻时很重要的是保持一种"绝对不会让你们得分"的心理状态。但同时，掌握防守技术也很重要。与进攻几乎同样强度的练习是不可缺少的。

　　在1对1的防守中，很重要的是不让持球人很轻松地通过。当对手面向篮板时，要意识到两人之间的"一臂"距离。同时通过有效使用手部动作，使持球人无法在轻松的位置持球，这点非常重要。

　　但不得不注意的是"犯规"。不能因为太过想要夺球，而与对方进行身体接触或者有推对方的动作。只要记住"去碰到球"这件事，然后进行防守。

横向

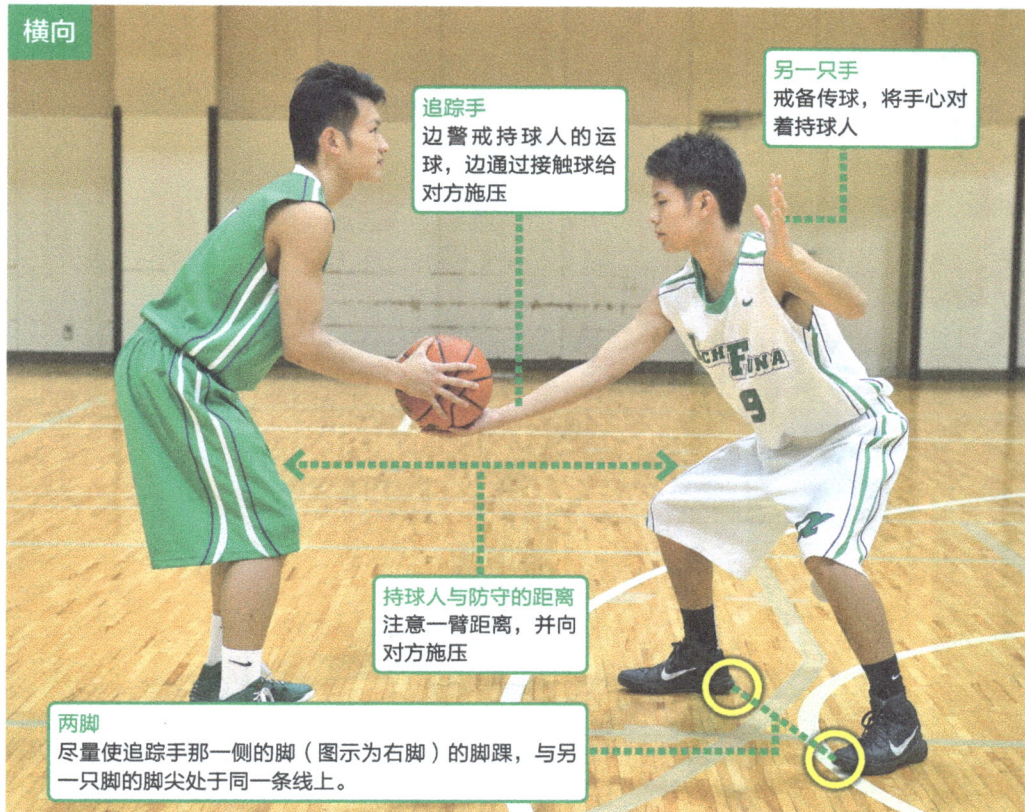

追踪手
边警戒持球人的运球，边通过接触球给对方施压

另一只手
戒备传球，将手心对着持球人

持球人与防守的距离
注意一臂距离，并向对方施压

两脚
尽量使追踪手那一侧的脚（图示为右脚）的脚踝，与另一只脚的脚尖处于同一条线上。

NG

如果追踪手放在了球的上部，就很容易被持球人通过运球摆脱。

如果过度缩小了与持球人之间的距离，容易被进攻者利用背后的空间运球摆脱，所以要注意一臂的距离。

如果持球人进入了投球姿势，要将追踪手向球伸出，以便能够及时应对。

对滑步的引导

防守摆出重心较低的姿势，与持球人之间保持一臂的距离。

持球人一旦开始运球了，就先移动运球进行方向所在的脚。（图示为右脚）

将对方引导到对防守有利的方向上来

随着水平的逐渐提高，从对方手里夺球就会越来越难。这时很重要的一点就是在对持球人施压的同时，来消磨对方的时间。然后对方一旦开始运球了，要让他向着有利于防守的方向进行引导。这叫作"引导（方向性）"。

为了引导持球人并消耗对方的时间，对于防守来说不可缺少的技术就是"滑步"。

在维持防守的基本姿势（上一页）时，两脚不要交叉，向前滑动跟上对方。这时，先移动与运球行进方向同向的脚，就会很容易压制住持球人。

注意保持防守的基本姿势，引导持球人的方向。

NG

如果两脚紧闭，就无法应对持球人的动作

Point

使持球人无法进入球场中央的引导是主流。当然其中也会有一些故意将对方引导到球场中央的队伍，根据教练不同有所不同。

NG

没能完全压制住持球人的前脚，让对方肩膀靠进来，防守者就会被摆脱

Point

重要的是将持球人的前脚夹在自己的两脚之间。

跟上强行过人的脚步动作

① 防守保持一臂距离。

② 针对持球人的运球使用交叉步来应对。

区分使用交叉步和滑步

在持球人突然加速运球时，放守就会很难应对。如果利用滑步无法跟上，就有很大的危险被持球人摆脱。在这种情况下可以使用的就是"交叉步"。

虽然几乎相当于在跑，但是关键是眼睛不能离开持球人的动作。进入了持球人的运球路线，运球的速度就会降下来，然后切换到滑步。这一系列动作的重点是区分使用交叉步和滑步。

3

4

进入持球人的运球路线。

切换到滑步阻止对方的运球。

Point

在进入持球人的运球路线时，要注意身体的位置。

Point

右边4的图片中，虽然为了防止投球身体重心抬高了，但是为了能够进行横向动作的应对，还是应该采取低的身体姿势。

NG

如果防守时身体的高度较高，就容易被持球人靠近。

阻绝

当持球人在中线上时，在侧线上的目标队员（进攻方的选手）想要接收传球的情况下。

截断传球路线的防守技术

　　紧盯持球人以外的防守时基础的一点是"不要让对方拿到球"。特别是防守紧盯的对手是最接近持球人的球员时，就要求防守有截断传球路线的技术。

　　在球与想要接收传球的目标队员的手之间连成的传球路线中，加入一只手来进行阻拦。这时如果位置太过进入传球路线，就被给目标队员内侧空间的可趁之机，会使目标队员向内侧移动避开。另外，如果离得过远，就无法拦住传球，使对方进球得分。

　　所以要注意选取使对方困扰的防守位置。

② 目标人一有动作，就立刻将手深入传球路线中，同时使用滑步。

③ 即使目标人的动作停下了，也要继续维持隔断传球路线的阻挡姿势。

如果过度进入传球路线，造成"过度阻拦"，就会使目标队员跑入篮板方向。

阻挡手的另一侧手与目标队员进行接触，把握对方的动向。

179

针对强行突破的停顿

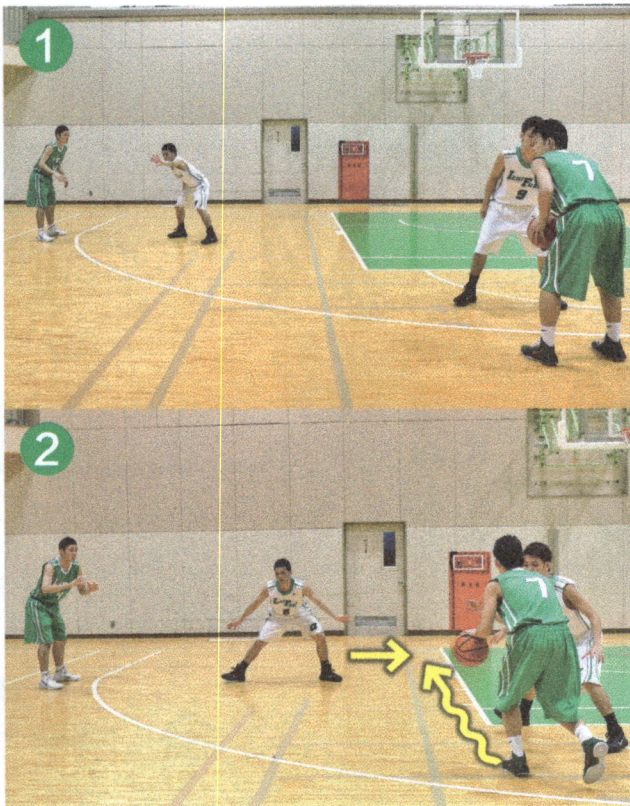

当持球人位于中线，而位于侧线的目标选手（进攻方的选手）想要接收传球的情况下。

持球人想要强行过人。

进入路线后是对方的强行过人产生犹豫

当持球人在弧顶位置想要强行过人的时候，只靠一名防守队员是很难应对的。这种情况下，附近的防守也要加入进来，通过团队防守来应对。

但是，当针对持球人形成两人合作应对的辅助防守时，接收了传球的无人防守的队员就有可能进球得分。

这时应该表现出要进入强行过人的动作，使对方的强行过人动作产生犹豫，然后自动放弃。这种防守方法叫作"停顿"。之后如果持球人转而传球了，就要为了防止自己防守的队员能够有投球机会而迅速回防。

防守侧翼位置选手的防守队员做出要进入路线的样子。

迅速应对转而传球的持球人的动作。

注意不要让自己防守的队员投球成功。

NG

使用停顿防守时，如果完全进入了强行过人的路线，进攻者就会传球，并且进攻者容易投球得分，所以必须注意。

针对球侧面而来的切入的身体冲撞

当侧翼有持球人时，就要阻拦想要接收传球的选手。

由球的侧面切入，与想要接收传球的对手进行接触。

与要接收传球的对手进行接触，跑入路线内进行压制

篮球在规则上是不允许身体接触的。也就是说如果碰到了或者推搡了就会构成犯规。但是在实际的比赛中，这种身体接触是因为这种身体接触被看成是彼此双方的身体冲撞。

其中，通过在要接收传球的对手跑动的路线中与其进行身体接触而压制传球的防守方式叫作"冲撞"。

冲撞时，动作的重点是采取低的身体姿势，坚定地保持住姿势，两臂交叉与对方进行接触。就像冲撞这个词的字面意思一样，就像是汽车的气囊一样，吸收冲撞时的撞击力，努力在冲撞后不要输给对方。而且如果在冲撞时，用手或手臂将对方撞开了的话，就会构成犯规。

③

眼睛不要离开球，用后背来压制住从后面跑上来的对手。

④

如果对方想要通过背身单打来接收传球的话，就要再次阻挡。

NG

当双方互相冲撞时，用手或手臂将对方撞开就会构成犯规。进攻方的选手如果做出了类似的行为也会构成进攻方的犯规。

三线防守站位

防守 A
A 所处的位置与处于翼侧的持球人 D 进行对峙，使对方无法穿越中央。

防守 B
B 所处的位置能够就持球人 D 的强行过人进行迅速的应对，而且还可以阻挡自己所盯的目标。

防守 C
C 所处的位置要能够同时看到持球人 D 和自己的目标 F 的动作。当持球人进行强行过人的时候可以对其进行辅助防守，所以这个位置又叫作"辅助位置"。

不仅要盯人，还要全员一起守住篮板

　　针对持球人，理想的状态是 1 对 1 来进行应对。但是随着水平的不断上升，进攻方掌握比赛的主导，想要通过 1 对 1 来压制对手就会越来越困难。也就是说通过团队合作来应对的"团队防守"是不可缺少的。

　　请看上面的图片。虽然防守 A 与他紧盯的持球人 D 处于对峙状态，旁边的防守 B 也要站在能够进行辅助防守或者阻挡的位置上。然后防守 C 所处的位置与他紧盯的目标 F 之间隔着相当的距离。这就是"3 线防守"的站位模式。这种方式不仅能够压制住自己所紧盯的对手，而且还可以"全员一起守卫篮框"。

P oint

防守C所处的能够同时关注持球人和自己的目标的这种位置叫作"枪手"位置。

NG

如果防守（不进行辅助防守位置而是紧盯自己目标F的话，当持球人D动球强行过人时，就无法做出应对。这样的话，就很容易让对方轻易带球上篮得分。）

辅助防守

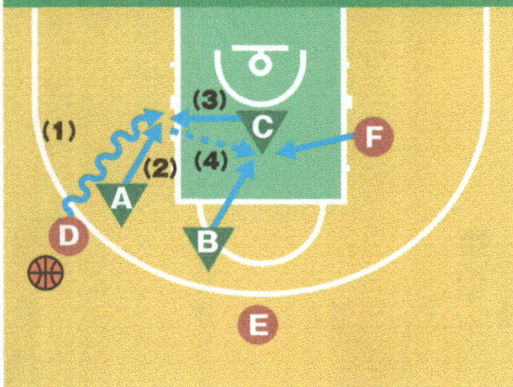

针对强行过人的辅助防守

(1) (3) C F
(2) (4)
D A B
E

针对强行过人和背身单打的辅助防守

如果要使团队防守能够实际运作起来，就需要具备几个辅助防守。其中之一是当持球人进行强行过人时，使对手无法进入禁区的辅助防守。在篮筐附近站位的防守C能够针对强行过人进行迅速应对，进入路线之中进行阻拦并且阻碍对方的投球。

另外一个辅助防守是针对背身单打的辅助防守。当对手的中锋身高很高时，一个防守进行应对会比较困难。有时通过两人共同对应来诱使对方出现失误。

1 当持球人D位于翼侧时

2 针对强行过人，3名防守进行应对

3 辅助防守C使持球人无法接近篮板

4 防守B试图截断传球

针对背身单打的辅助防守

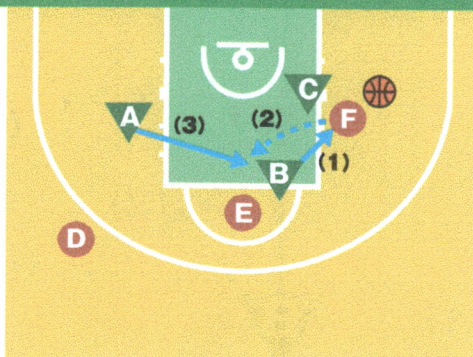

〰️➤	运球
┅➤	传球
➤	人的动向
🔴	进攻
🔺	防守
🏀	球

当持球人F进行背身单打时。

B对紧盯F的防守C进行辅助。

两个人同时对持球人F进行应对。

防守A试图截断传球。

针对跳传的防守者趋前

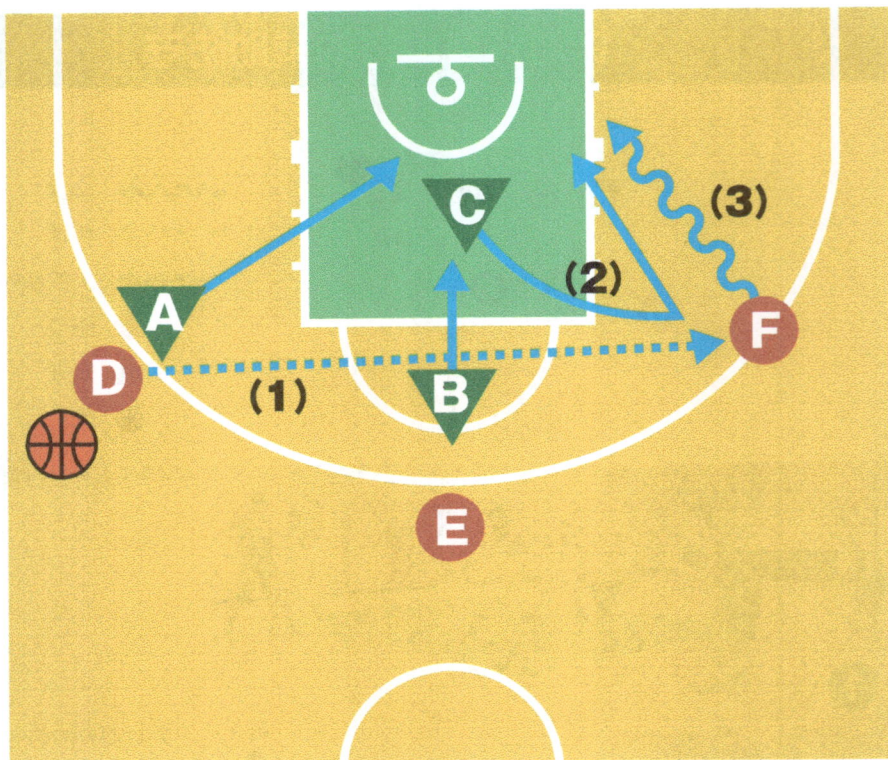

运球　　进攻　　球
传球　　防守
人的动向

快冲之后通过小步进行快速应对

当进攻方在球的另一侧时，可能会使用贯穿球场的长距离传球——"跳传"。紧盯着接收传球对手的防守队员处于辅助位置，相隔较远。这时需要快速应对，缩短间距。

防守上约定俗成的一件事就是彻底贯彻"不能让持球人向着中央的方向"。为此，要控制球场的中央，并做出弧形的防守者趋前。这样快冲之后，靠近持球人时使用快速的小步靠近使对方无法做出投球。同时，也要应对对方可能会有的运球。

1 在另一侧的翼侧D持球的情况下

4 使F无法进行投球

2 从持球人D向F进行跳传

5 即使是对防运球也不要让他接近篮板

3 在辅助防守位置的C快速防守持球人

6 采取3人防守篮板的站位

NG

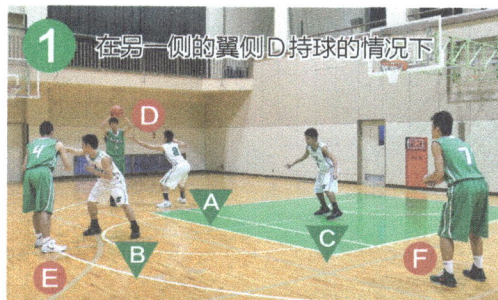

如果防守者前趋的时候，使用的是径直的路线，持球人就很容易直接穿越中场。也有特意使用这种运球方式的团队，所以事前要协调好团队防守的基础想法。

轮转换位

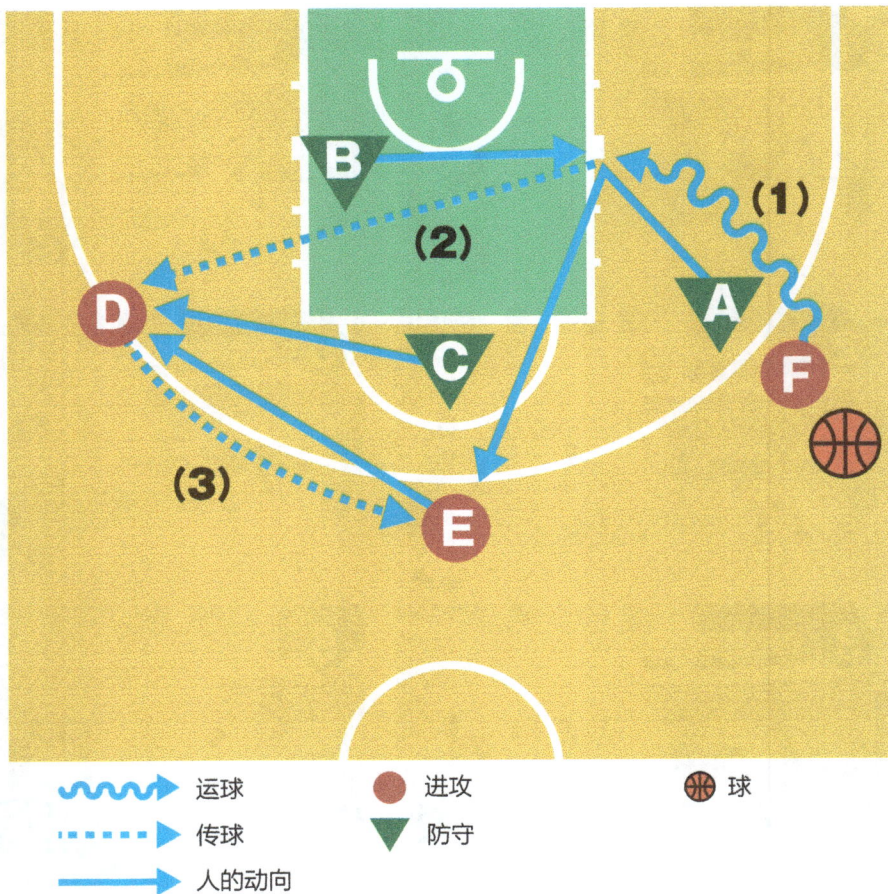

〰〰〰➤	运球	● 进攻
┅┅┅➤	传球	▼ 防守
——➤	人的动向	⊛ 球

通过 3 人以上的防守对目标对手进行轮流防守

在针对持球人的强行过人实行辅助防守时，进攻方的一名对手就会处于五人防守的状态。因为持球人同时吸引了两名防守队员。这时针对传球的应对就很重要。在这种情况下，3 名防守队员采用轮流交换紧盯对象的"轮流防守"的方式来进行应对。

请看图片。图片中就是同时吸引了两名防守的 F 向 D 进行传球的场景。在 192 页，还会介绍轮流防守的其他模式。

轮流防守①

1 持球人F在翼侧进行强行过人

2 防守B对防守A进行辅助

3 F向位于另一侧的D传球

4 防守C远离E对D进行应对

5 D向E传球

6 防守A远离F对E进行应对

7 防守B对F进行应对

Point

虽然根据队伍不同，轮流防守的方式也有所不同，但是不能忘记的一点是——这样做很容易产生"身高的不匹配"的情况。

轮流防守

P oint

防守成功的关键是团队中各个技术和团队协作的所达成的团队特有的概念能否得到彻底地贯彻。还有就是"绝对不让对方得分"的想法。最后一点就是声音。通过声音切实地向无法看到进攻方动作的防守队员告知比赛状况，还可以通过声音传达出想要对方如何移动，这种相互呼喊在发挥团队防守上是不可缺少的。

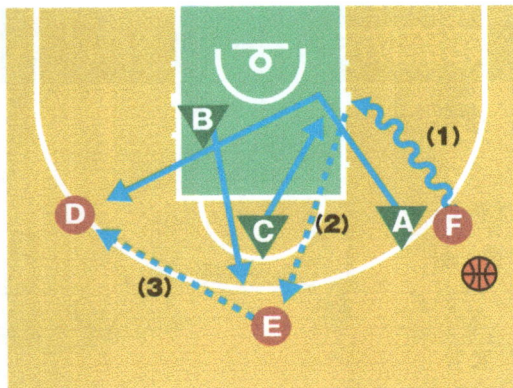

〰️➤ 运球	🔴 进攻	🏀 球
┅➤ 传球	🔻 防守	
➡️ 人的动向		

轮流防守②

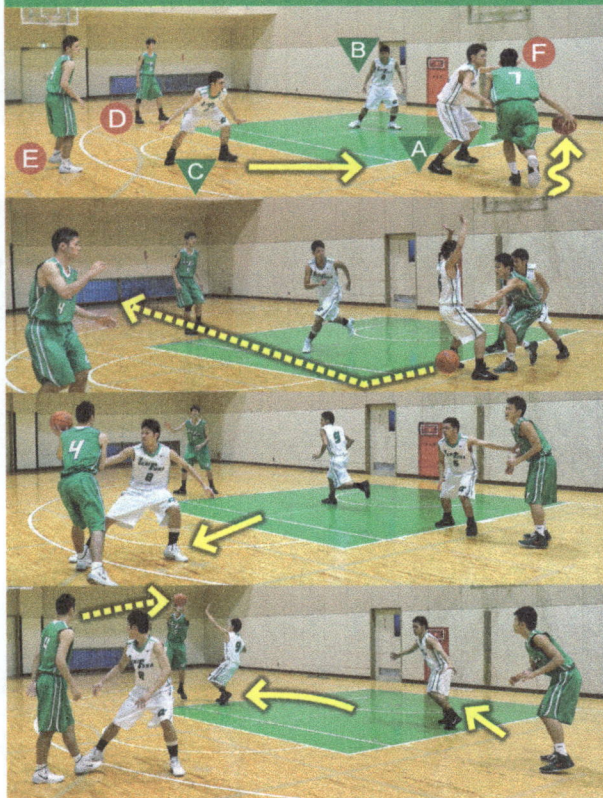

持球人F从翼侧进行强行过人。

F向处于弧顶的E传球。

防守B离开正在防守的D来应对E。

D将球传给E，A防守D，实行轮流防守。

第8章

利用地板进行训练

——有效地利用空闲时间提高个人能力

为了能够战胜对手，就必须不断努力来提高自己的能力。在重视教练指导下的团队练习的同时，还要在空闲时间内通过自主练习来提高自己的能力。在自主练习中希望队员能够特别关注的是，不使用器械进行安全的训练。在这章内将会介绍适合初中和高中生的练习内容。

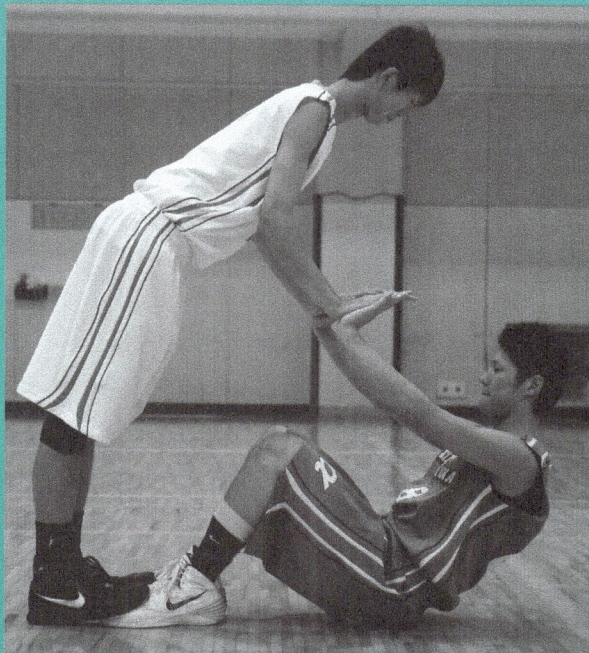

内容

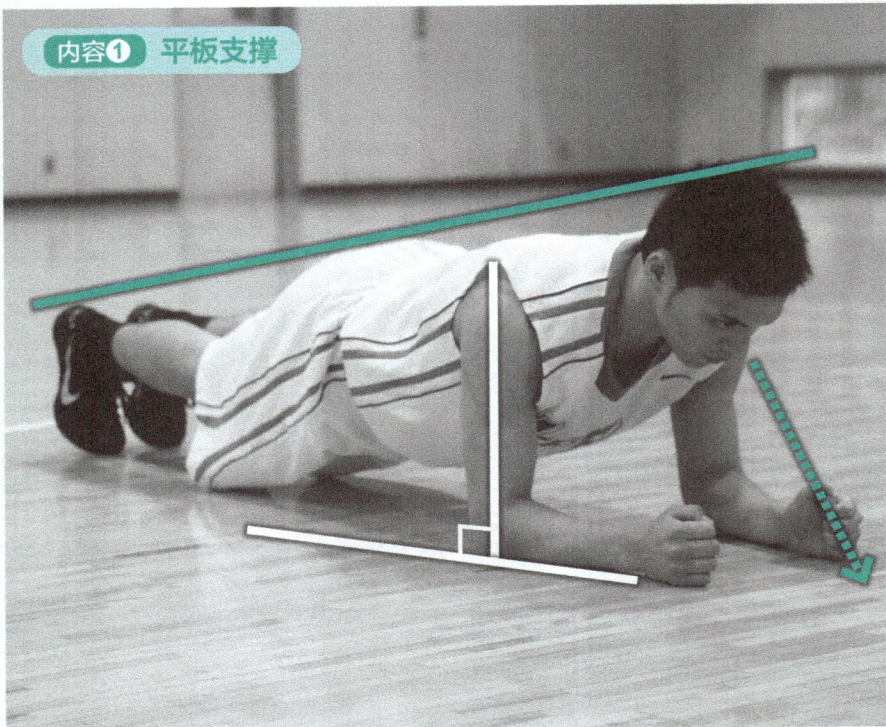

内容❶ 平板支撑

采用趴着的姿势，两边肘部支在地板上。腰不要下陷，撑起身体，使脚、腰、肩、后脑部在一条直线上。肘部与肩部的连线与地板垂直。视线不要径直向下看，要保持向前看的姿势。一次性先支撑20~30秒，然后随着练习慢慢延长支撑的时间和每天练习的数量。

掌握在任何打法中都非常必要的身体平衡

如果想要篮球能够打得好，不仅要有控球的技术，身体的运用方式也非常重要的。身体在使用球的练习中也能够得到一定的锻炼，但那还是远远不够的。

在任何的篮球打法中，身体平衡都是非常重要的。为了能够锻炼出使身体平衡所需要的肌肉，就必须要进行专门的训练。但通常的重器械训练很容易导致受伤。在这里我们要推荐的就是不使用任何器械只是通过地板来进行的一些训练。其中首先要介绍的就是骨盆肌肉训练。

篮球选手必需的训练的重点

肩关节的可活动范围

手臂和肩部的力量是很重要的，但是如果颈部和肩部附近的肌肉过于坚硬，就很难抬起手臂。特别是肩关节的可活动范围就会变小，手臂就无法径直前伸，无法投出角度很高的投篮。如果要使用重器械时，应该向教练和专业人士咨询。

身体平衡

比如与对手进行身体接触时，切实停稳身体再进行下一动作时，对身体的平衡要求很高。因此，为了提高身体平衡应该以腹部和背部为中心进行锻炼，比如进行平板支撑。

股关节的可活动范围

当在1对1中通过运球突破防守或者在防守对手时都要求采取低的身体姿势。这时需要用到的就是股关节的柔韧性。如果股关节很僵硬，那么这种基础姿势就无法很好地做出，腰部位置就会过高。

弹跳力

将跑投或者跳投作为武器时，就非常需要弹跳力。通过练习弹跳时用手碰触篮板或篮框的练习可以有效地训练弹跳力。如果仅仅是做这一个练习的话，很容易受伤。这时还要进行臀部和大腿内侧的练习。

逐渐提高身体负荷

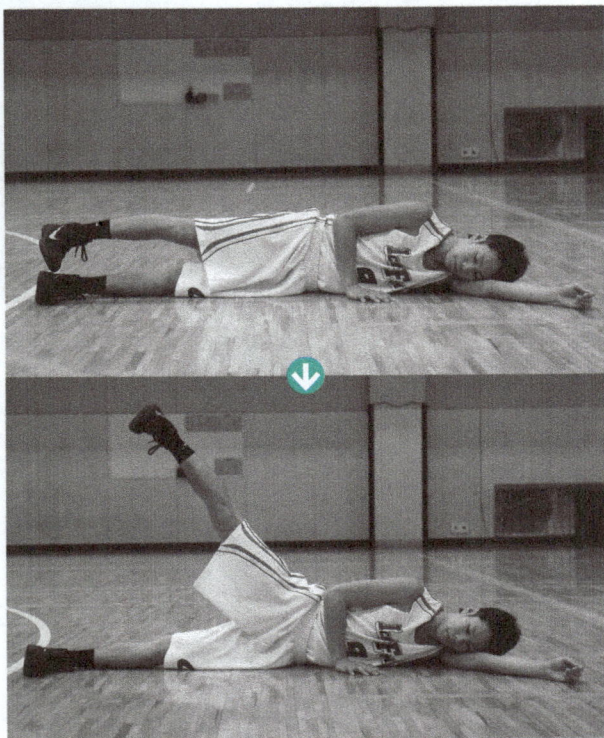

侧躺在地板上，将一侧腿笔直侧抬，每一组做10~15次。脚尖不要抬高，将脚尖位置保持在脚踝正前方。注意身体不要向前或向后倒，做完之后换另一个方向继续。

成为一名好的篮球选手的条件就是防止自己受伤

提高训练的强度。通过采取各种身体侧卧的训练内容，也可以提高身体的平衡能力。

首先侧躺在地板上，通过一侧腿上下运动来锻炼臀部肌肉。换到另一侧时，换成肘部撑在地板上支撑身体的姿势，另一侧也要同样进行训练，要注意腰部不要下陷。

接着，将一只手臂径直上举，保持20~30秒左右。进行另一侧的练习时，在肘部支撑身体的同时，将一侧腿抬高。保持姿势。这种逐渐提高强度的训练可以强化肌肉的力量，防止受伤。防止自己受伤是成为一名优秀篮球队员的必要条件。

内容❸ 平板支撑（侧面）

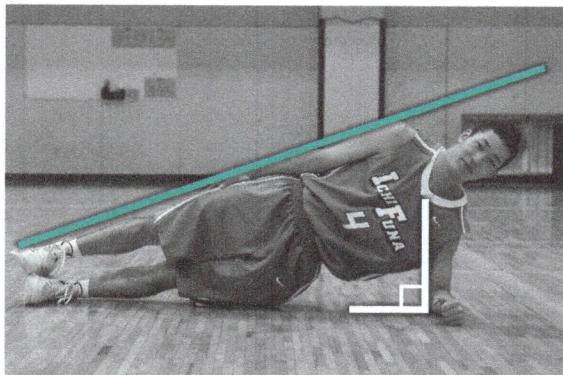

模式一

肘部来支撑身体并保持20~30秒。这时要注意腹部不能下陷。肩部和肘部的连线与地板垂直。腿、腰、肩、头要在一条直线上。结束之后换另一侧。

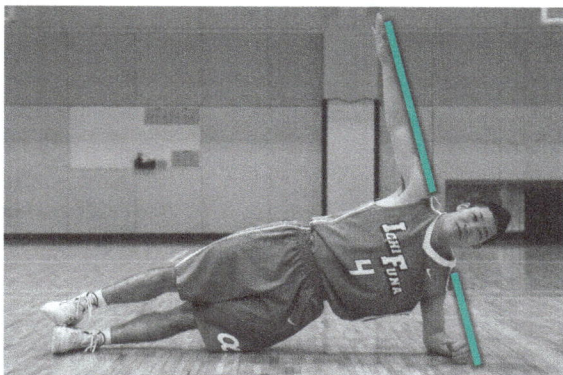

模式二

在这基础上，一只手臂径直上举保持20~30秒。要注意身体平衡，结束后换另一侧。

模式三

利用肘部支撑身体时，一条腿上举并保持20~30秒，结束后换另一侧。即使是提高了运动的强度，也要保持腰部不能下陷。

内容❹ 抬高臀部

模式一

仰卧在地板上，两脚的脚跟支撑地板，并抬高臀部。这时膝盖与脚踝呈90度角。

模式二

接下来将一只脚抬高与身体在一条水平线上，并且保持20～30秒，结束后换另一条腿。

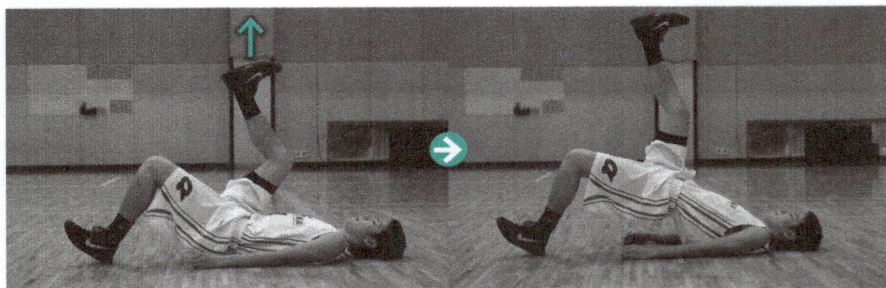

模式三

用一只脚的脚跟支撑身体，另一条腿抬高，与身体垂直并且脚底朝着天花板，腿伸直。这就是臀部抬高的动作。

仅仅通过多次反复练习是无法达到强化效果的

让我们再进一步加深一下关于练习的知识。只要是篮球运动员，谁都会想要提高自己的弹跳能力。为此，仅仅是多次进行弹跳训练是不够的，我希望大家还能够进行关于臀部和大腿内侧肌肉的训练。这也是骨盆肌肉训练的一部分。

每当我们说到腹肌和俯卧撑的时候，很多人都会想到的是通过多次练习来实现。但是通过这种方法强化的只是身体表面的大块肌肉。在这里希望大家能够接受的一种训练方式是通过搭档施加适当的负荷来进行的训练。这比起盲目增加练习的次数要更有效果。

内容❺　腹肌

进行训练的选手（图中绿色衣服的队员）两膝弯曲，两手伸直的状态坐在地板上，站着的搭档（图中白衣服的队员）与他双手对合，并施力下压。坐着的队员要胸部张开，注意使用腹肌来抵住来自搭档的压力。在搭档适度施加的负荷下坚持20~30秒，同时要保持后背挺直，并与地板呈45度角。

45度

内容❻　俯卧撑

进行训练的队员（图中绿色衣服的队员）俯卧在地板上，先做出俯卧撑的姿势，站着的搭档两手压在他的两肩胛骨的位置。让胸部不接触到地板，练习的队员两臂撑地张开上下运动大约10次左右。还可以进行将手压在肩部和肘部的练习。练习时要注意腿、腰、肩、头要在一条直线上。

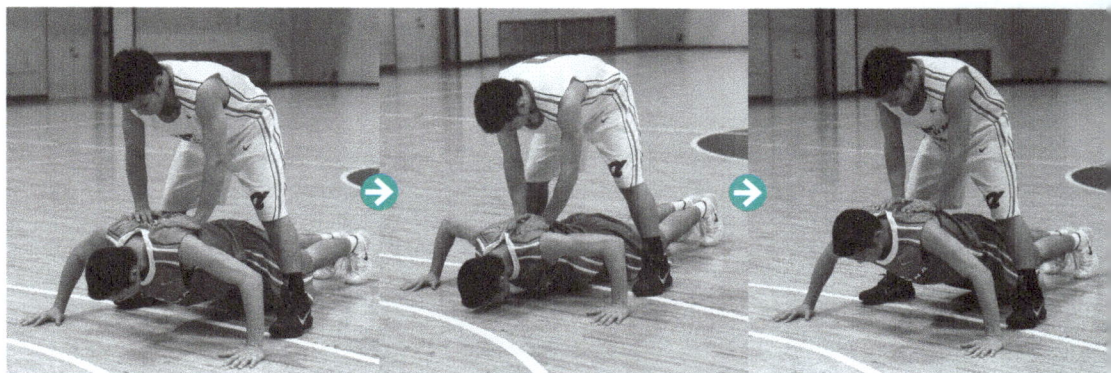

具备能够承受冲击力的身体强度

内容⑦　活性化

模式一

进行训练的选手（图中绿衣服的队员）采取篮球基础的低位站姿。两臂前伸两手交握。搭档（白）利用两手从上向下适度下压，保持手或手臂不下降，整个身体要保持20~30秒。

NG

通过整个身体来维持姿势

首先，采取篮球基础的低位站姿，两臂前伸两手交握，让搭档施加上下或左右方向的压力。针对这种负荷要保持不动，通过整个身体来维持。这种训练方式叫作"姿势"。

这种练习得到的成果能够应用于球场上的身体接触中。当进行背身单打或者强行突破的时候，要能够推得开对手的双臂。这就需要"耐久力"，而不是会导致犯规的"推力"。

模式二

接下来，搭档（白）在横向上，从右向左对进行训练的选手施加适度的压力。使自己的手保持不动，约20~30秒，再换另一个方向。

模式三

接下来，搭档（白）在纵向上，从下向上对进行训练的选手施加适度的压力。使自己的手保持不动，约20~30秒，用整个身体来保持姿势。

扩大股关节的可活动范围

内容❽　横向行走

保持低位站姿，股关节张开。然后与前进方向相反的那只脚在身体后侧交叉。然后另一只脚直接横向跨步，再回到原来姿势。要注意保持身体的低重心，移动过程中保持身体高度一致，这样可以在扩大股关节活动范围的同时，有效地训练臀部肌肉。刚开始训练的时候以半个球场的距离为宜。不要忘记还要换个方向继续进行训练。

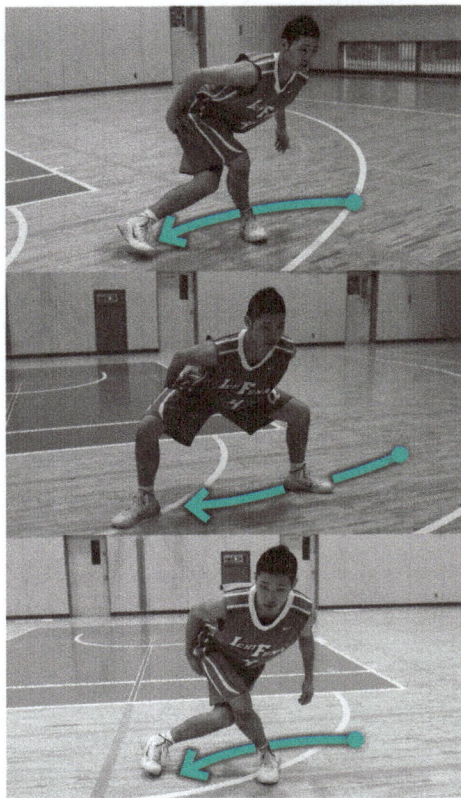

相当于训练的强力拉伸

如果要保持住篮球的基础姿势——低位站姿，就需要股关节的柔韧度。换句话说，就是要扩大股关节的可活动范围。为此想要推荐给大家的有两种训练方式。一种是"蜘蛛式"、一种是"横向行走"。

"蜘蛛式"这种训练方式就像文字上表现的那样，要像蜘蛛一样的姿势，两手两脚间距尽量扩大，然后向前移动。另一种横向行走就是在保持基础姿势的同时灵活地使用股关节，进行横向移动。

这两种练习所伴随的"强力拉伸"不仅能够提高身体的柔韧性，而且也能达到训练的效果。

内容⑨ 蜘蛛式

在扩大股关节可活动范围的同时，也能达到拉伸内侧肌肉的目的。具体动作（如图）是，左脚前伸的同时，右手也要前伸→右脚前伸的同时左手也要前伸→伸出右手的同时左脚前伸。通过脚远远伸出，可以扩大股关节的可活动范围。这时要保持后脑、肩、腰、脚在一条直线上，在地板上水平前移。这种训练方式相当消耗体力，所以开始的时候移动距离以半个球场为宜。

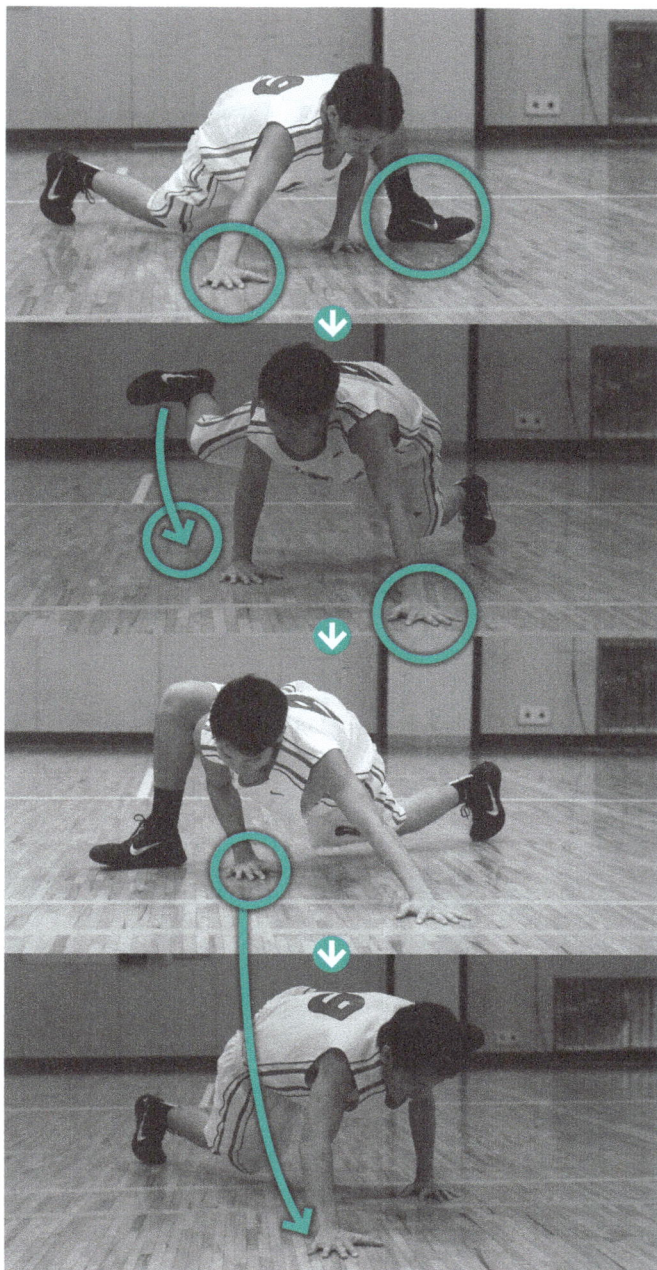

提高应对比赛的调整能力

内容⑩ 寸走

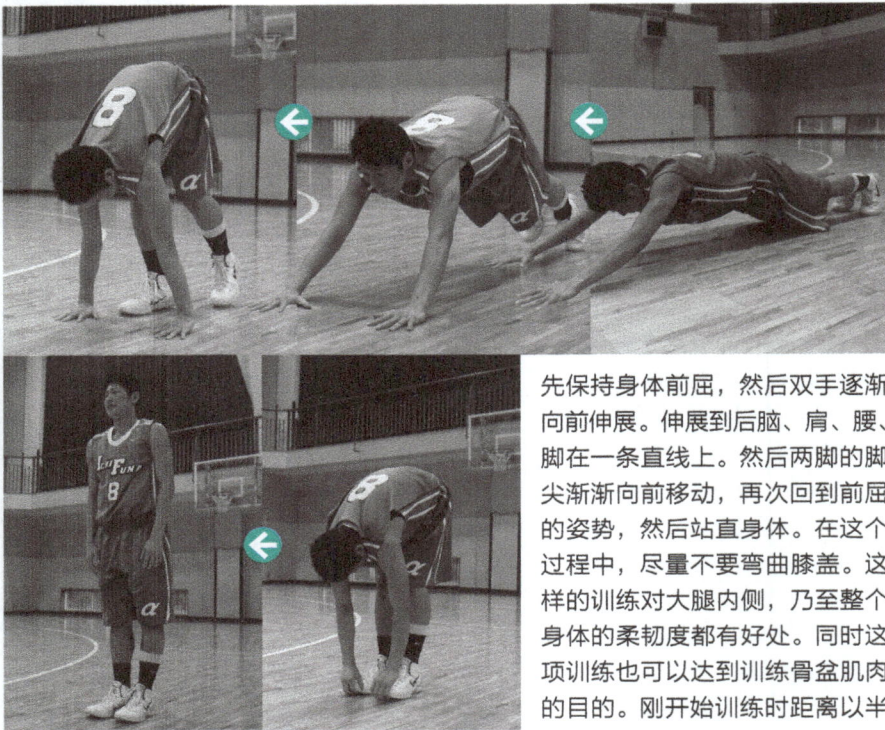

先保持身体前屈，然后双手逐渐向前伸展。伸展到后脑、肩、腰、脚在一条直线上。然后两脚的脚尖渐渐向前移动，再次回到前屈的姿势，然后站直身体。在这个过程中，尽量不要弯曲膝盖。这样的训练对大腿内侧，乃至整个身体的柔韧度都有好处。同时这项训练也可以达到训练骨盆肌肉的目的。刚开始训练时距离以半个球场为宜。

要具备即使对方设法使自己犯规也不动摇的能力

通过进一步提高身体柔韧度的"寸步"训练法，然后再加上"侧蹬步到短距离冲刺"的练习，可以在比赛中实现更好的身体调控能力。

有句话叫作"心、技术和身体合一"。也就是说如果身体没有训练得好，就谈不上提高技术。因为如果身体变得强大、柔韧了，打篮球风格也会随之变化。

篮球所特有的空间是"空中"。弹跳力、空中的身体平衡和柔韧度，以及着地都是非常重要的。通过这里介绍的训练方法来使自己掌握即使对方设法使自己法规也不动摇的身体调控能力吧。

内容⑪ **侧蹬步到短距离冲刺**

从底线位置开始，首先进行大幅的侧蹬步，然后逐渐缩小步幅，渐渐变成向前的直线步幅。接着到达中央之后进行短距离冲刺（最快速度的冲刺）。在进行侧蹬步时，将重心切实转到着地的脚上，注意要强力蹬地。

就像本书中提到的，切实掌握基础，对比赛情况和对手的应对也会变得更加顺利。在这个过程中，有一点希望大家能够注意。那就是即使不具备基础，也要希望大家能够积极地进行应对比赛各种状况的练习。也就是说在明确了"想要掌握怎样的打法"之后，再进行重要的基础练习。

如果是因为自己基础没有掌握好就一味地进行练习，到最后会怀疑自己到底是为了什么在练习而迷失目的。如果切实搞清楚了自己想要掌握怎样的打法，在基础练习时就会有意识地注意。

这也可以说是一种团队的构建。如果只是积累一些基础的战术，在重要的比赛来临时，就无法对自己准确定位。应该定下在比赛中的目标，明确自己到底想要成为什么样子的队员。然后，再掌握相关的战术和战略，进行基础练习。

希望对大家有所帮助。

教练
船桥市立船桥高中男女篮球部
总教练
近藤义行
1968年生于千叶县。毕业于市立船桥—国士馆大学。曾经作为市立船桥高中选手进入高中联赛准决赛。大学毕业后，在市立柏高中担任女子篮球队教练达14年。取得了高中联赛前八名的好成绩。2008年任职船桥北高中，带领队伍进入高中联赛前八名。2010年带领队伍进入冬季联赛第四名。2014年进入冬季联赛第三名。曾指导过U-18的日本代表队。

摄影
女子部篮球教练　高松淳史
男子A队教练　相川宙辉
男子B队教练　杉下 卓

船桥市立船桥高中男子篮球部的选手们

船桥市立船桥高中女子篮球部的选手们

　　于1962年创部。1983年新设体育科，在第一届学生参加的高校联赛中，男子部第一次参加比赛就取得了亚军的好成绩。当时近藤义行就读2年级。同一联赛中，女子篮球也进入了前三名。之后，男子部在1998年的冬季联赛中取得亚军，在全国都享有盛誉。他们不论在名誉上还是实力上都是全国顶尖的高中球队。

图书在版编目（ＣＩＰ）数据

篮球基础与战术：全彩图解版 / （日）近藤义行主编；赵令君译. — 北京：人民邮电出版社，2016.5
ISBN 978-7-115-41846-3

Ⅰ. ①篮… Ⅱ. ①近… ②赵… Ⅲ. ①篮球运动—运动技术—图解 Ⅳ. ①G841.19-64

中国版本图书馆CIP数据核字(2016)第054712号

版权声明

PERFECT LESSON BOOK : BASKETBALL KIHON TO SENJUTSU
Supervised by Yoshiyuki Kondo
Copyright © Yoshiyuki Kondo, 2015
All rights reserved.
Original Japanese edition published by Jitsugyo no Nihon Sha, Ltd.
Simplified Chinese translation copyright © 2016 by Posts & Telecommunications Press
This Simplified Chinese edition published by arrangement with Jitsugyo no Nihon Sha, Ltd., Tokyo, through HonnoKizuna, Inc., Tokyo, and Beijing Kareka Consultation Center

内 容 提 要

真正的篮球高手并不会去做高难度技术动作，而是能够正确并快速地运用篮球基础技术。因此，想要打好篮球，重视"基础"，反复练习，最终让身体记住"基础"是不可或缺的。掌握基础之后，便是如何在场上将其正确运用，即"战术"应用。本书通过持球前的一对一意识，到持球之后的一对一，二对二，三对三这几个方面，将运球、传球、上篮等基础技术，以及突破配合、挡拆、防守等战术融入其中，并提供了非常简明有效的场下肌肉练习方法。书中的技术动作和战术应用都有赛场实拍图进行分步骤展示，错误动作、关键动作也都特别指出，场上形势通过电脑绘制示意图直观呈现，帮助读者轻松地理解篮球技术与战术的应用。

- ◆ 主　　编　[日]近藤义行
　　译　　　　赵令君
　　责任编辑　李 璇
　　责任印制　周昇亮
- ◆ 人民邮电出版社出版发行　　北京市丰台区成寿寺路11号
　　邮编　100164　电子邮件　315@ptpress.com.cn
　　网址　http://www.ptpress.com.cn
　　固安县铭成印刷有限公司印刷
- ◆ 开本：700×1000　1/16
　　印张：12　　　　　　　　　　2016年5月第1版
　　字数：245千字　　　　　　　2025年1月河北第32次印刷

著作权合同登记号　图字：01-2015-5083 号

定价：49.80 元

读者服务热线：(010)81055296　印装质量热线：(010)81055316
反盗版热线：(010)81055315
广告经营许可证：京东市监广登字20170147号